LA GENÈSE D'UNE HÉRÉSIE

BIBLIOTHÈQUE D'HISTOIRE DE LA PHILOSOPHIE
NOUVELLE SÉRIE
Fondateur : HENRI GOUHIER   Directeur : JEAN-FRANÇOIS COURTINE

LA GENÈSE D'UNE HÉRÉSIE

Monde, corps et histoire dans la pensée de Jan Patočka

par

Karel NOVOTNÝ

PARIS
LIBRAIRIE PHILOSOPHIQUE J. VRIN
6, place de la Sorbonne, Ve

2012

Imprimé en France

ISSN 0249-7980
ISBN 978-2-7116-2464-5

www.vrin.fr

À mon père

Ce livre a été conçu et rédigé dans le cadre de l'Institut centre-européen de philosophie (SIF) auprès de la Faculté des sciences humaines de l'Université Charles de Prague et de l'Académie des sciences de la République tchèque, grâce au projet de recherche « Philosophical Investigations of Body Experiences. Transdisciplinary Perspectives », financé par la Fondation tchèque pour la science (GAP 401/10/1164), dont le soutien en a rendu possible la publication.

Nous tenons aussi à remercier ici Erika Abrams pour son travail minutieux de relecture et de mise au point du texte français.

INTRODUCTION

Nous voudrions tenter, dans cette brève introduction, de mettre en évidence ce qui distingue les considérations que Patočka consacre, d'une part, au « monde naturel » (dans la continuité de la conception de la *Lebenswelt* husserlienne), d'autre part, à l'« histoire » ou à l'« historicité » (dans une conception proche de Heidegger).

La recherche de surfaces de contact entre le projet de Husserl et certains concepts heideggériens est, chez Patočka, un propos conscient et délibéré. En traitant, dans les années 1970, des deux conceptions de la phénoménologie, il a la conviction que l'une se situe dans le prolongement de l'autre et qu'elles peuvent être combinées [1]. Reste néanmoins à savoir si sa philosophie, partant initialement (dans les années 1930) des deux types de réflexion dans leur opposition, en arrive effectivement, au bout du compte, à une fondation unitaire de la phénoménologie, rendant possible une transition continue.

L'opposition serait la suivante : tandis que la philosophie phénoménologique de Husserl décrit et explique l'apparaître du monde, ce qui présuppose un détachement purificateur qui abandonne les constructions *a priori* de la pensée pour l'attitude d'un regard « désintéressé », de constatation pure, la pensée heideggérienne de l'historicité est d'emblée une décision sur l'essence de l'histoire, quelque chose qu'il n'est pas possible de prendre simplement en vue de manière « désintéressée » pour en opérer une constatation neutre. La prise de position à l'égard de

1. Cf. notamment l'essai « Was ist Phänomenologie? », *Tijdschrift voor Filosofie*, 44 (1982), n° 4, p. 642-676; repris dans *Die Bewegung der menschlichen Existenz*, Stuttgart, Klett-Cotta, 1991, p. 33-42 (édition établie par K. Nellen, J. Němec et I. Srubar; ci-après BME), p. 424-452; cité ici d'après la traduction française d'E. Abrams, « Qu'est-ce que la phénoménologie? », dans *Qu'est-ce que la phénoménologie?* (ci-après QPh), Grenoble, Millon, 1988, p. 263-302.

ce qui fait de l'histoire ce qu'elle est paraît donc incompatible avec l'attitude phénoménologique, pour autant que nous la comprenons comme l'attitude d'un regard désintéressé sur ce qui se donne soi-même (tel le monde naturel).

L'histoire ne se donne pas soi-même, n'est pas de soi-même ; le monde naturel, si. Ce nonobstant, ces deux concepts, comme les « choses » qu'ils désignent, ont peut-être quelque chose de commun : chaque monde n'est-il pas toujours déjà historique, et chaque histoire n'est-elle pas une reconstruction sur le fondement de ce qui nous est donné, de ce que nous comprenons parce que cela constitue notre monde ?

Les deux positions – l'une, l'existentielle, explicitement « intéressée » ; l'autre, la phénoménologique, « désintéressée » – se rencontrent réellement, voire s'interpénètrent, dans la pensée de Patočka. Ainsi le projet husserlien de la phénoménologie comme doctrine de l'apparaître en tant que tel, que Patočka a développé de manière originale dans la première moitié des années 1970, devait être ou plutôt devenir « en même temps » une philosophie de la liberté finie [1] ; d'autre part, sa dernière philosophie de l'histoire se présente comme une « phénoménologie » de l'histoire à « tonalité existentielle [2] » et vise expressément à conjuguer la phénoménologie et la philosophie de la liberté : tant l'histoire que la position de l'*epokhê* phénoménologique et ce qu'elle est censée donner à voir, à savoir la manifestation comme telle, sont à comprendre et à expliquer à partir de la possibilité qu'a l'homme de « se libérer de l'enchaînement à la vie, de lier au contraire la vie à quelque chose de libre [3] ».

1. « Une telle phénoménologie devrait nécessairement être projetée en même temps comme philosophie de la liberté finie », écrit Patočka au sujet de son projet d'une phénoménologie comme doctrine de l'apparaître en tant que tel (« Epoché und Reduktion », dans A. J. Bucher, H. Drüe et Th. M. Seebohm (dir.), *bewußt sein. Gerhard Funke zu eigen*, Bonn, Bouvier, 1975, p. 76-85, ici p. 84 ; repris dans BME, p. 415-423, ici p. 423 ; trad. fr. « *Épochè* et réduction », QPh, p. 249-261, ici p. 261).

2. Cf. J. Patočka, *Kacířské eseje o filosofii dějin*, Prague, Petlice, 1975 ; repris dans le volume 3 des *Œuvres complètes* de Patočka actuellement en cours de parution sous la direction des Archives Patočka de Prague : *Péče o duši III* (ci-après PoD-III), Prague, OIKOYMENH, 2002, p. 11-144 (édition établie par I. Chvatík et P. Kouba). Dans les « Gloses » de cet ouvrage, cité ici et dans la suite d'après la dernière édition française (*Essais hérétiques sur la philosophie de l'histoire*, Lagrasse, Verdier/poche, 2007, trad. E. Abrams ; ci-après EHPH), p. 225, Patočka se réclame d'une « phénoménologie à orientation existentielle ».

3. *Ibid.*, p. 238.

Comme si l'une de ces attitudes était dépendante du mouvement dans l'autre, et vice versa, pour se penser jusqu'au bout et se réaliser. Partant de cette complémentarité, Patočka cherche avec persévérance à parvenir à un fondement commun. Ce sont précisément les considérations sur un concept généralisé de mouvement comme fondement commun non seulement de ce que Patočka appelle les trois mouvements de l'existence, mais sans doute aussi du mouvement de l'existence et du mouvement de l'apparaître en tant que tel qui sondent la possibilité d'une fondation phénoménologique de la phénoménologie aussi bien de l'histoire que du monde, une « phénoménologie de la phénoménologie ». C'est ce que suggère Ilja Srubar dans sa préface au volume *Die Bewegung der menschlichen Existenz*[1]. Selon Miroslav Petříček, Patočka veut « par son explication du mouvement de l'existence humaine » mettre en évidence « le fondement commun tant de la phénoménologie transcendantale husserlienne que de l'ontologie de Heidegger »[2]. Petr Rezek a présenté dans plus d'un texte une analyse critique de l'idée patočkienne du « mouvement originaire » comme fondement commun des mouvements de l'existence humaine et du mouvement de l'apparaître en tant que tel[3]. Filip Karfík, auteur de l'interprétation d'ensemble la plus équilibrée dont nous disposions actuellement en ce qui concerne la pensée de Patočka[4], prend une position différenciée. C'est toutefois dans les travaux remarquables de Renaud Barbaras[5], dans un cadre cosmologique qui sert aussi de base à son propre projet d'une phénoménologie de la vie, qu'on trouve le développement le plus significatif et le plus approfondi des idées de Patočka sur le mouvement et la corporéité.

Pour notre part, il nous semble impossible d'adopter en même temps les deux attitudes complémentaires que nous venons de distinguer, et

1. I. Srubar, « Zur Entwicklung des phänomenologischen Denkens von Jan Patočka », dans BME, p. 7-29 ; voir la traduction française d'E. Abrams, « L'évolution de la pensée phénoménologique de Patočka », *Les Cahiers de Philosophie*, n° 11-12 (hiver 1990/1991), p. 41-65.

2. Voir sa postface à la troisième édition tchèque du *Monde naturel comme problème philosophique* (Prague, Československý spisovatel, 1992, p. 279).

3. Voir, par exemple, en tchèque, l'essai consacré à la vie et à l'existence humaine en tant que mouvement, dans son ouvrage *Jan Patočka a věc fenomenologie* (J. P. et la cause de la phénoménologie), Prague, OIKOYMENH, 1993, p. 68-78.

4. F. Karfík, *Unendlichwerden durch die Endlichkeit. Eine Lektüre der Philosophie Jan Patočkas*, Würzburg, Königshausen & Neumann, 2008.

5. R. Barbaras, *Le mouvement de l'existence. Études sur la phénoménologie de Jan Patočka*, Chatou, La Transparence, 2007 ; *L'ouverture du monde. Lecture de Jan Patočka*, Chatou, La Transparence, 2011.

dont nous partons ici[1], quand bien même l'une et l'autre présupposent non seulement un pas en arrière par rapport à la donation immédiate, une liberté négative, mais encore la possibilité d'un rapport positif à la totalité, la possibilité de la transcendance comme rapport au tout. Tandis que l'une veut *intuitionner* la structure de la donation phénoménale et *expliquer* la manière dont le monde lui-même se donne en tant que totalité, l'autre met l'accent sur la liberté individuelle finie comme *dépassement* de la donation par un nouveau *projet* du sens total. Le projet de l'historicité aurait-il à expliquer en même temps la donation (le se-donner) du monde ? Il semble que le concept heideggérien d'« ouverture » (et de « donation du don de l'être ») soit apparu à Patočka, de ce point de vue, comme « jusqu'à présent le fondement le plus apte » à servir d'appui à une solution du problème du monde naturel qui apporte également une réponse à la problématique de l'historicité[2]. La question est, bien sûr, de savoir si une telle « solution » ne serait pas trop au détriment du mot d'ordre phénoménologique qui enjoint d'« accepter la donnée dans les limites dans lesquelles elle se donne[3] ». Cette question nous semble s'imposer dans la mesure où Patočka se sent tenu par cette maxime phénoménologique, dans la mesure où il y revient toujours à nouveau et la respecte comme point de départ critique de la pensée philosophique.

Le problème des deux « phénoménologies » est, en simplifiant, celui-ci : là où ce qui nous intéresse est le problème de l'apparaître du monde, notre regard est celui d'un spectateur désintéressé, et le caractère dramatique de l'existence humaine individuelle passe à l'arrière-plan (ne peut pas ne pas céder le pas, car il ne s'agit pas de nous, mais de l'être en tant que tel) ; si, au contraire, nous voulons aborder ce qui *originellement* fait de l'histoire ce qu'elle est, si nous voulons concevoir l'histoire non pas simplement comme un ramassis de faits hétérogènes, mais « de l'intérieur », comme une certaine connexion, nous devrons saisir le devenir du monde humain dans sa spécificité, c'est-à-dire, en dernière analyse, l'expérimenter à partir de *notre propre vécu individuel*, car il est fort possible que nous n'ayons aucune autre approche originelle de la connexion du sens du devenir.

1. Ce volume réunit des textes conçus et rédigés à diverses occasions au cours de ces quinze dernières années, se rapportant tous au sujet d'une thèse de doctorat soutenue en 2003 à l'Université Charles de Prague : « Monde naturel et histoire. Sur les deux thèmes majeurs de la philosophie de Jan Patočka ».

2. EHPH, p. 33.

3. Paraphrase du « principe des principes » formulé au § 24 des *Ideen I* de Husserl.

Sans mettre hors jeu la philosophie en tant qu'intuition ou regard dans ce qui est, cette approche donne néanmoins une autre dimension à la distanciation indispensable du regard théorique par rapport aux événements : si l'interprétation, la conception de l'histoire exige également une prise de distance, elle ne l'atteint pas par le désintéressement d'une *epokhê* « objective », en s'abstenant de toute « thèse », quelle qu'elle soit, mais par une décision engagée, et qui engage, pour une interprétation déterminée, tout en la sachant partiale, incommensurable avec le devenir en totalité. D'un autre côté cependant, si nous regardons de plus près ce qui se passe, selon Patočka, lorsque l'homme, dans l'histoire, « s'engage [...] par tout son être » en faveur d'une certaine décision [1], nous verrons que, s'il est vrai que des termes comme « désintéressement » et « neutralité », qui caractérisent l'*epokhê* phénoménologique, n'y sont effectivement pas de mise, cette extrémité de l'engagement et de l'essor n'est pas pour autant présentée comme une manifestation d'arbitraire; loin de là, la liberté du choix est au fond, selon cette philosophie de l'histoire, réduite au minimum [2].

Il y a donc une sorte d'analogie de structure entre la philosophie phénoménologique, qui vise à saisir le monde en tant que sens non thématique, le monde « pour nous », tel qu'il se donne « naturellement », « en lui-même », et la philosophie de l'histoire qui, partant du fait que tout sens est constitué au cours de l'histoire, si bien qu'aucun n'est jamais la manifestation d'un « en soi », mais que tout sens dépend toujours (d'une manière ou d'une autre, pour la plupart de façon médiatisée, athématique) d'un projet humain, attire l'attention sur l'aspect non arbitraire du rapport du sens partiel au sens total : la compréhension qui oriente l'acte singulier se guide sur une compréhension totale non explicite qui, dans certaines circonstances – par exemple, quand, pour une raison ou une autre, elle tombe en panne, cesse de « fonctionner » – peut *devenir* thème explicite.

Dans les deux cas, il est toutefois difficile de *rendre* explicite cette compréhension de la totalité. L'analogie structurelle est, semble-t-il, une question de méthode, la méthode étant, dans les deux cas,

1. J. Patočka, « Několik poznámek k pojmům dějin a dějepisu », *Řád*, 2 (1934), n° 3, p. 148-156; repris dans le volume 1 des *Œuvres complètes : Péče o duši I* (ci-après PoD-I), Prague, OIKOYMENH, 1996, p. 35-45 (édition établie par I. Chvatík et P. Kouba). Cité d'après la traduction française d'E. Abrams, « Quelques remarques sur les concepts d'histoire et d'historiographie », dans J. Patočka, *L'Europe après l'Europe* (ci-après EE), Lagrasse, Verdier, 2007, p. 139-153, ici p. 151.

2. *Ibid.*, p. 152.

« phénoménologique ». Or, si le phénoménologue prend en vue ce qui se fait « toujours déjà » même sans son regard, ce qui est là pour ainsi dire *a priori*, cet *a priori* vivant (la structure transcendantale de la vie, le monde de la vie ou monde naturel) est néanmoins quelque chose qu'il doit saisir toujours à nouveau de façon originelle. La nécessité de saisir toujours à nouveau de façon originelle ce qui est toujours déjà là, ce qui se donne soi-même, renvoie, d'une part, à la structure temporelle spécifique de la manifestation qu'on peut aussi désigner comme l'« historicité du monde » comme tel. D'autre part, dans l'optique de la philosophie de l'histoire, le retour aux choses mêmes (soit, ici, au sens de la totalité au sein de laquelle je fais en toute conscience le projet de ma vie) signifie : *toujours à nouveau* décider, faire le projet de ce qui est non originel et de ce qui est le sens total originel selon lequel la compréhension et l'action s'orientent.

Patočka se guide là-dessus par la suite aussi, quand – à la charnière des années 1960 et 1970 – il pose à nouveau la question de la relativité historique de l'« historicité » conçue ainsi en discutant la thèse de la fin de l'histoire européenne, thèse qui exige aussi une révision du regard européen sur le monde. Patočka lui-même se confronte à cette exigence de principe d'une révision de la métaphysique européenne (de l'histoire) afin de répéter d'autant plus énergiquement, dans sa dernière philosophie, les thèmes majeurs de ses conceptions initiales des années 1930 : le thème de la donation originelle du monde (naturel) et celui du dépassement historique du sens donné. Cela autorise et justifie une certaine conception de la position philosophique de Patočka qui traverse l'ensemble de l'œuvre, alors même qu'on y voit apparaître aussi d'autres thèmes, tels justement les thèmes aristotéliciens et dialectiques du mouvement dans les années 1960. Bien que les textes réunis dans ce volume ne s'adressent qu'à une partie de cette œuvre, dont ils accentuent les deux orientations majeures, le dualisme ainsi dégagé sera peut-être, nous l'espérons, pertinent aussi pour une interprétation plus complète.

Première partie

VERS L'APPARAÎTRE COMME TEL

CHAPITRE PREMIER

L'ESPRIT ET LA SUBJECTIVITÉ TRANSCENDANTALE
*SUR LE STATUT DE L'*EPOKHÊ *DANS LES PREMIERS ÉCRITS DE JAN PATOČKA*

La position philosophique de Jan Patočka a été qualifiée de « phénoménologie de l'esprit ». Nous voudrions tenter ici de préciser le sens que Patočka accorde à ses débuts, en particulier, au terme de *Geist*, afin d'apprécier dans quelle mesure son œuvre relève effectivement d'une philosophie de l'esprit. Nous nous pencherons d'abord sur « L'esprit et les deux couches fondamentales de l'intentionnalité [1] », texte d'une conférence prononcée en février 1935 sous un titre – « L'esprit et le monde » – qui saisit la question centrale du rapport entre l'esprit humain et le transcendantal, donateur de sens. Nous verrons dans ce qui suit que, alors même qu'il se situe de son propre aveu au plus près de l'idéalisme du dernier Husserl, Patočka ne partage pas dans cette question la perspective téléologique qui part de la convergence possible de l'esprit et du transcendantal. Que la question doive, au contraire, se poser toujours à nouveau, cela découle de l'historicité même de la philosophie. Déjà la ou, plutôt, les philosophies phénoménologiques de Husserl, de Fink et de Heidegger sont autant de tentatives de réponse à cette question. Chez Patočka, on trouve d'emblée une réflexion sur la continuité du problème de l'autofondation de la philosophie par un

1. J. Patočka, « Der Geist und die zwei Grundschichten der Intentionalität », *Philosophia*, I (1936), nº 1-4, p. 67-76; repris dans BME, p. 33-42. Cité ici d'après la traduction française d'E. Abrams, *Cahiers philosophiques*, 50 (1992), p. 27-35.

acte de l'esprit et la discontinuité des réalisations historiques auxquelles ce projet donne lieu. Ce double questionnement reflète d'une certaine manière la différence entre l'esprit comme acte individuel et le « transcendantal » qui donne à comprendre, étant, aux yeux de Patočka, à la fois la condition supra-individuelle de toute compréhension et l'inaccessible *terminus ad quem* du tournant de l'esprit. Est-ce là une différence insurmontable ?

La question qui dirigera ici notre lecture des premiers textes de Patočka en est une qu'il puise dans sa lecture de Fink : l'*epokhê* et la réduction phénoménologiques sont-elles un retour de l'absolu à lui-même ? S'agit-il là, en d'autres termes, d'un retour tel que l'esprit dans son surgissement même, dans l'accomplissement du *transcensus* au transcendantal, se fond en quelque sorte en lui-même ? Comment penser l'*epokhê*, cette mise à distance du monde, cette « indifférence » à l'égard du monde qui est censée nous permettre de le prendre en vue dans sa totalité ?

Dans ce chapitre, nous nous appliquerons à faire ressortir l'évolution qui se dessine, dans le cheminement intellectuel de Patočka, entre deux conceptions de la transcendance comme rapport explicite de l'esprit humain au tout du monde. Ces deux conceptions correspondent à deux étapes historiques du parcours du penseur tchèque, mais aussi à deux pôles systématiques de sa philosophie. La première, formulée dans les années 1930, affirme que la transcendance vers le tout du monde se révèle dans l'immanence du regard réflexif du spectateur transcendantal. La seconde, esquissée dans l'après-guerre, introduit, sous l'influence de Heidegger, une conception plus radicale. Selon cette seconde étape, la transcendance est un dépassement de tout étant, y compris la subjectivité transcendantale « préexistante ». Cette transcendance plus radicale, bien qu'inaccessible par la réduction à la conscience pure, conserve pourtant pour Patočka un caractère compatible avec l'idée husserlienne de l'*epokhê*. L'*epokhê*, qui libère le regard pour la phénoménalité, et la différence ontologique, qui la rend possible, resteront l'une et l'autre – comme pôles systématiques – au cœur de toute sa philosophie phénoménologique.

ESPRIT ET INTENTIONNALITÉ : TROIS APPROCHES DE LA DÉTERMINATION PHÉNOMÉNOLOGIQUE DE L'ESPRIT

Il n'est pas sans signification que la conférence de février 1935 qui fut le premier exposé phénoménologique présenté par Patočka après son séjour d'études à Fribourg en 1933-1934 se soit intitulée « L'esprit et le monde ». Il s'agissait de sa contribution à une série d'interventions sur la question de l'essence de l'esprit, lancée comme premier projet commun par le Cercle philosophique de Prague pour les recherches sur l'entendement humain [1].

Toutes ces communications sur l'essence de l'esprit – réunies en 1936 dans le premier volume de la revue *Philosophia*, paraissant à Belgrade, qui apportait également la première partie de *La crise des sciences européennes et la philosophie transcendantale* de Husserl – tentaient de développer une interprétation de l'esprit inspirée de divers aspects de la conception husserlienne. Tandis que J. B. Kozák, le premier intervenant, mettait l'accent sur l'idéation en tant que trait essentiel de l'esprit, L. Landgrebe dénonçait la faiblesse de cette position, à son avis trop abstraite et qui risquait de rendre l'esprit tributaire de la tendance intellectualiste de l'objectivation [2]. Landgrebe proposait donc de passer des objets de l'activité idéalisante à son effectuation même. En effet, il dépend de la manière dont les actes visant l'idéal sont effectués qu'il s'agisse en eux d'une attitude spirituelle, pragmatique ou autre. C'est donc l'attitude subjective qui importe. Il faut, dit Landgrebe, prendre en vue le « complexe d'intérêts personnels », les *habitus* dont les actes idéalisants sont issus et les buts qu'ils poursuivent.

La question de la nature des actes spécifiques de l'esprit reste donc liée aux attitudes personnelles [3] et devient peut-être en ce sens, dit

1. Ce projet inaugure l'activité du Cercle philosophique qui, outre l'intention pratique de prêter secours à Edmund Husserl (avec la fondation d'Archives Husserl à Prague, la transcription des manuscrits par Ludwig Landgrebe, etc.), voulait également s'associer intellectuellement à son travail philosophique. Dans notre aperçu des conférences sur l'essence de l'esprit, nous laisserons de côté les deux dernières (d'Emil Utitz et d'Oskar Kraus), moins importantes pour notre propos.

2. J. B. Kozák, « Das Wesen der geistigen Intention : das transzendierende Meinen », *Philosophia*, I (1936), n° 1-4, p. 25-52 ; L. Landgrebe, « Geist und Transzendenz des Bewußtseins », *ibid.*, p. 53-66.

3. *Ibid.*, p. 66 : « *Was in dem gesuchten spezifischen Sinne als geistiger Akt zu bezeichnen wäre, darüber ist erst etwas auszumachen im Hinblick auf die Verwurzelung dieser Akte in einer bestimmten Verfassung des Subjektes, das ihr Vollzieher ist, in einem bestimmten*

Landgrebe, une question anthropologique. Cependant, conclut-il, le fait que l'homme soit caractérisé par la transcendance, qu'il s'intéresse à la connaissance dirigée vers un « en soi », ne suppose-t-il pas une détermination de l'esprit qui, précisément, ne serait plus simplement anthropologique ?

C'est poser la question du passage à une interrogation transcendantale sur l'esprit, et c'est cette question, demeurée ouverte, que Jan Patočka reprend et essaie à son tour de développer. Il commence par reconnaître la légitimité de la position des deux intervenants qui l'ont précédé en distinguant deux espèces fondamentales d'intentionnalité, l'intentionnalité d'acte (l'activité du moi dirigée sur un objet présent), et l'intentionnalité d'horizon :

> Le *cogito* actuel vit toujours dans une aire, dans un horizon des possibilités d'être-tourné-vers, et nous appelons ce qui, dans son vécu, rend cela possible, l'intentionnalité d'horizon [1].

La tonalité affective (*Stimmung*) nous offre un exemple de ce type d'intentionnalité horizontale par laquelle nous sommes rapportés à la totalité de la situation dans laquelle l'effectuation des actes se déploie. Patočka constate ici que c'est le rapport entre notre activité actuelle (*Leistung*) et le caractère englobant et non thématique de ce qui toujours déjà la précède qui recèle les problèmes les plus ardus, difficulté qui s'explique sans doute par le fait que « nous manquons de recul à notre propre égard [2] ».

Il prend cependant une position plus tranchée sur la question de l'esprit. L'esprit n'est pas là où nous nous laissons absorber par la tonalité affective des humeurs instantanées, il consiste plutôt en une « explication avec la situation » (*Auseinandersetzung mit der Situation*) : « En interprétant la situation, l'on s'efforce de surmonter la disposition d'humeur [3]. » La vie spirituelle semble entretenir un rapport étroit avec le savoir et, partant, avec la personne active et son intentionnalité d'acte. Pourtant, même si on le mesure à l'aune de ses objets, l'esprit ne peut pas consister dans l'intentionnalité d'acte prise en soi. Patočka cite les activités présupposées par la constitution, par les « actes objectivants de

personalen Habitus, im Hinblick darauf, welcher personalen Gestalt und welchen personalen Interessen diese Akte zugehören. »

1. « L'esprit et les deux couches fondamentales de l'intentionnalité », p. 28.
2. *Ibid.*, p. 29.
3. *Loc. cit.*

second degré » (ce qu'on a appelé les « figures de l'esprit objectif »)[1], réaffirmant donc la légitimité de la conception de Kozák qui définissait l'esprit comme « une visée transcendante ayant trait à l'idéal[2] ».

D'autre part, chaque acte demeure également lié à la conscience d'horizon comme à sa condition. Là, Patočka renoue avec l'analyse de Landgrebe en l'élargissant au moyen du concept de monde, vu comme totalité des horizons, corrélat intentionnel de l'unité de l'expérience. Patočka introduit d'abord le concept transcendantal de conscience d'horizon, qui est « la condition de possibilité de tout acte intentionnel », ce qui apporte l'unité dans notre « réalité empirique en général »[3]. Le corrélat de cette unité est appelé « le phénomène originaire du monde[4] ». Le monde comme totalité, corrélat de l'enchaînement de tous les horizons particuliers de la vie, est impliqué dans chaque attitude particulière, il est même « la présupposition fondamentale que l'homme, vivant en tant qu'homme, doit toujours déjà avoir faite[5] ». Plus encore, le monde appartient à l'essence de l'être humain comme structure transcendantale. Patočka passe ainsi de la réflexion mondaine de Landgrebe à la réflexion transcendantale. Ce qui nous intéresse ici, c'est ce qui motive ce passage du mondain au transcendantal.

Suivant le fil de la pensée de Landgrebe, Patočka en vient à confronter deux positions : un acte est-il spirituel parce qu'il se meut dans la sphère des idéalités, ou bien se meut-il parmi les idéalités parce qu'il ressortit au contexte de la vie spirituelle d'une personne[6] ? Son exposé nous amène ainsi à demander d'où vient la spiritualité (*Geistigkeit*) propre à l'homme[7]. Ni l'une ni l'autre des deux couches fondamentales de l'intentionnalité ne donne à elle seule la réponse, et les

1. *Ibid.* p. 31.

2. Cf. J. Patočka, « Pražský filosofický kroužek », *Česká mysl*, 31 (1935), n° 2, p. 123-126 – compte rendu des premiers travaux du Cercle repris dans le volume 12 des *Œuvres complètes : Češi I*, Prague, OIKOYMENH, 2006, p. 501-504 (édition établie par K. Palek et I. Chvatík). Cité d'après la traduction française d'E. Abrams, « Le Cercle philosophique de Prague », *Cahiers philosophiques*, 50 (1992), p. 37-40, ici p. 38.

3. « L'esprit et les deux couches fondamentales de l'intentionnalité », p. 32.

4. *Ibid.*, p. 33.

5. *Loc. cit.*

6. Cf. *ibid.*, p. 32.

7. La pertinence de cette question pour Patočka demeure manifeste dans ses derniers travaux. Cf. par exemple la conférence de 1975 « L'homme spirituel et l'intellectuel » (« Duchovní člověk a intelektuál », publié d'abord dans le *samizdat* et repris dans PoD-III, p. 355-371), dans J. Patočka, *Liberté et sacrifice* (ci-après LS), Grenoble, Millon, 1990, p. 243-257 ; trad. E. Abrams.

deux ensemble pas davantage. La solution originale qu'adopte Patočka est la suivante : « Nous attribuerons [...] la vie spirituelle à la personne comme une possibilité durable sous forme d'un *habitus* qui peut à tout moment devenir actif[1]. » La question se pose alors de l'institution de cet *habitus* et de sa détermination plus précise.

D'où vient ce qui distingue l'homme, ce qui dote sa vie d'une unité spirituelle ? De la connexion des horizons de l'expérience ? Du devenir transcendantal du monde, lui-même accessible à travers sa sédimentation dans une conscience d'horizon ? Ce problème est sans doute ce qui amène Patočka à reformuler l'intitulé de sa conférence. Alors que l'exposé était présenté initialement au Cercle philosophique sous le titre « L'esprit et le monde », le texte publié s'intitulera « L'esprit et les deux couches fondamentales de l'intentionnalité ». C'est dire, nous semble-t-il, que Patočka considère l'esprit comme étant autre chose encore que les deux types d'intentionnalité.

Le texte se clôt sur une description du passage à une autre attitude (*Einstellung*), dans laquelle l'homme tenterait de tirer au clair le sens de sa situation en se confrontant au tout dont il fait partie. C'est à un tel instant que pourrait advenir pour lui une illumination fondamentale :

> La personne expérimente alors quelque chose d'extraordinaire, les écailles semblent lui tomber des yeux et elle se retrouve seule devant un infini qui l'englobe, un infini qu'elle s'efforce d'embrasser du regard tout en en faisant partie[2].

Nous ne pouvons entrer ici dans une discussion détaillée de ce passage, tâche qui a, du reste, déjà été accomplie par Petr Rezek[3]. Nous nous bornerons à souligner qu'il s'agit bien d'un acte de la liberté qui conduit à une confrontation avec *l'infini en nous-mêmes*, caractéristique déjà de la position transcendantale que Patočka défendait dans un texte de 1934[4]. Acte qui transcende les objets singuliers et ouvre, par-delà, à

1. « L'esprit et les deux couches fondamentales de l'intentionnalité », p. 32.

2. *Ibid.*, p. 33.

3. P. Rezek, « La "phénoménologie de l'esprit" de Patočka dans le contexte du Cercle philosophique de Prague », *Les Cahiers de Philosophie*, n° 11-12 (1990-1991), p. 103-115. Voir aussi, du même, « Jan Patočka et le problème de la phénoménologie », *Études phénoménologiques*, n° 13-14 (1991), p. 203-209.

4. J. Patočka, « Několik poznámek o mimosvětské a světské posici filosofie », *Kvart*, 2 (1934), p. 3-10; repris dans PoD-I, p. 58-67; trad. fr. « Remarques sur la position de la philosophie dans et en dehors du monde », LS, p. 13-25, ici p. 23 : « La finitude de notre vie actuelle fait que nous éprouvons le besoin d'un appui extérieur [...]. La philosophie, quant à elle, retourne cette situation : au bout du compte, il nous est impossible de nous

l'englobant, mais dans lequel en même temps le sujet lui-même englobe l'infini dont il fait partie. Cela pourrait faire penser à l'*epokhê* comme « dé-limitation » (*Ent-schränkung*) et, à partir de là, à l'unité personnelle de deux sujets ou deux esprits, de l'esprit absolu et de l'esprit fini. Comme Fink, Patočka parle de la « métamorphose » (*Verwandlung*) de l'homme en cet instant d'illumination fondamentale (*Grunderleuchtung*) : « À l'instant de cette métamorphose, l'homme devient un être spirituel (*geistiges Wesen*) [1]. »

Patočka cependant ne dit pas que c'est l'esprit qui, à la faveur de cet instant d'illumination, vient à lui-même. Il se distingue par là de Fink et de Husserl qui, dans les années 1930, profèrent tous deux, chacun à sa manière, des déclarations de cet ordre. Pour Patočka, il s'agit d'une rencontre avec ce qui nous dépasse. Même dans sa thèse d'habilitation, texte pourtant très proche du dernier Husserl et où l'on retrouve les fameuses distinctions de Fink entre l'étant constitué et la « préexistence » de la subjectivité transcendantale du flux constituant qui se donne au regard désintéressé du spectateur phénoménologisant, Patočka, qui reconnaît que la distinction entre sujet empirique et sujet transcendantal implique – nous y reviendrons – une certaine extramondanéité, une non-finitude de ce dernier, n'évoquera jamais la nécessité d'une déshumanisation de ce spectateur. La question la plus épineuse est de savoir comment le spectateur transcendantal participe de l'extramondanéité.

Dans la conférence que nous venons de commenter, Patočka paraît faire un pas au-delà de l'anthropologie philosophique en direction de la position transcendantale ; il propose même une description du passage du fini à l'infini englobant, mais il ne réserve pas ce passage à la réduction phénoménologique au sens étroit d'une « réflexion théorique » ou « subjective ». L'homme, dit Patočka, « peut s'efforcer de s'expliquer expressément avec la totalité, expérimenter pleinement sa position vis-à-vis d'elle. Il n'est pas nécessaire pour cela de considérer le monde dans une optique théorique ou de vouloir l'analyser dans la réflexion subjective [2] ». Là où Fink et Husserl soulignent très nettement l'exclusivité de la philosophie, seule à même de saisir « l'essence propre de l'esprit »,

"appuyer" naïvement sur une puissance absolue pour la bonne raison que l'absolu comme tel est intégralement contenu dans le fini ; le monde lui-même n'est rien d'autre que l'absolu, tel qu'il se découvre dans sa naïveté. On ne peut s'en remettre aux dieux parce que l'absolu n'est pas en dehors, mais au-dedans de nous. »

1. « L'esprit et les deux couches fondamentales de l'intentionnalité », p. 34.
2. *Ibid.*, p. 33.

et conçoivent cette saisie uniquement dans l'accomplissement de la réduction phénoménologique, Patočka reconnaît une pluralité de chemins qui mènent à l'esprit :

> Le saisissement [*Ergriffenheit*] une fois expérimenté, il y a différentes manières dont la personne peut tenter de l'incorporer dans la totalité de son être personnel, de se vivre pleinement à partir de cette expérience. L'art, la sagesse pratique, la religion, la philosophie sont les différentes voies de cette action opérante dans la vie [1].

Deux formules utilisées dans ce texte retiendront plus particulièrement notre attention. Patočka caractérise d'abord l'esprit, dans une première approximation, comme « puissance formatrice, qui affecte la vie individuelle dans sa totalité [2] ». Plus loin, il est question de « cette puissance du monde qui gouverne [la] vie [de l'homme] de part en part [3] ». S'agit-il de la même puissance dans les deux formules? Une définition plus systématique se trouve dans la thèse d'habilitation de 1936, *Le monde naturel comme problème philosophique* [4]; nous allons nous y attarder quelque peu dans ce qui suit.

LES DEUX MONDES ET LE BESOIN D'UNIFICATION : LA CRISE DE L'ESPRIT

On peut demander – Patočka se posera la question jusque dans ses derniers fragments phénoménologiques des années 1970 – ce qui est à

1. « L'esprit et les deux couches fondamentales de l'intentionnalité », p. 34. Il n'est pas sans intérêt de noter que c'est précisément cette remarque que Patočka mettra en avant l'année suivante en rendant compte de sa propre intervention (« Le Cercle philosophique de Prague », p. 39), avec une distanciation explicite à l'égard de l'intellectualisme qui reprend un thème de sa thèse de doctorat de 1931 (voir *infra*, p. 173, note 1). On lit en revanche chez Fink : « L'esprit est "en mouvement" [...] dans tous les domaines de la "culture". Mais la *mobilité créatrice de culture* de l'esprit est, au point de vue philosophique, encore et toujours encerclée par une *immobilité de l'esprit* plus profonde et que l'expérience fondamentale de la réduction phénoménologique doit relever (*aufheben*). » Voir E. Fink, « Que veut la phénoménologie d'Edmund Husserl? » dans *De la phénoménologie*, trad. D. Franck, Paris, Éditions de Minuit, 1974, p. 186.

2. « L'esprit et les deux couches fondamentales de l'intentionnalité », p. 27.

3. *Ibid.*, p. 33.

4. J. Patočka, *Přirozený svět jako filosofický problém*, Prague, Ústřední nakladatelství a knihkupectví učitelstva československého, 1936; repris dans le volume 6 des *Œuvres complètes : Fenomenologické spisy I* (ci-après FS-I), Prague, OIKOYMENH, 2008 (édition établie par I. Chvatík et J. Frei); cité d'après la traduction française de J. Daněk et H. Declève, *Le monde naturel comme problème philosophique* (ci-après MNPP), La Haye, M. Nijhoff, 1976.

l'origine de l'institution de l'esprit : quel est l'acte de liberté à même de fonder la vie spirituelle comme possibilité permanente, toujours réactualisable, comme « *habitus* » ? Plus précisément, qu'est-ce qui rend possible l'*epokhê*, sans doute la liberté la plus radicale de l'esprit ? L'analyse du phénomène existentiel de la crise de la conscience contemporaine, ce diagnostic que Patočka emprunte à Husserl et expose brièvement dans les premières pages de sa thèse d'habilitation, nous semble être une réponse indirecte à la question de l'origine du passage du mondain au transcendantal.

Ce n'est pas un hasard si les deux textes systématiques que Patočka consacre à la phénoménologie après sa lecture de la « conférence de Prague » de Husserl[1] s'ouvrent sur un constat de crise. Nous venons de commenter le premier de ces textes (dont l'apport, au regard des exposés de Kozák et de Landgrebe, réside précisément dans la description du passage à la position transcendantale). Si Patočka y souligne d'emblée le rapport entre le mot *esprit* et une certaine pensée de la crise de la vie contemporaine, c'est surtout dans sa thèse d'habilitation que le thème de la crise sera approfondi et précisé.

La situation de fait dont Patočka part dans *Le monde naturel comme problème philosophique* est, comme dans la dernière publication de Husserl[2], la crise de l'homme moderne qui « vit dans un monde double », à la fois dans le monde naturel, donné avant toute attitude théorique active, et dans un monde objectif, correspondant aux présupposés ontologiques des sciences exactes. « La non-unité qui a ainsi pénétré toute notre vie est la source propre de la crise spirituelle que nous traversons actuellement[3]. » Pourquoi croyons-nous que c'est à cette crise qu'il revient de motiver l'acte libre par lequel l'esprit s'actualise, se

1. En l'absence de Husserl au VIIIe Congrès international de philosophie, qui s'est tenu à Prague en septembre 1934, c'est Patočka qui a lu le texte de sa conférence. Cf. la préface de H. R. Sepp et Th. Nenon (éd.) dans E. Husserl, *Aufsätze und Vorträge (1922-1937)*, Husserliana XXVII, Dordrecht, Kluwer, 1989, p. XXV-XXIX. Le texte de la conférence de Prague, « Über die gegenwärtige Aufgabe der Philosophie », est imprimée dans le même volume, p. 184-220.

2. Le texte de *La crise des sciences européennes et la phénoménologie transcendantale* de Husserl est parvenu à l'éditeur Liebert, à Belgrade, par l'entremise de Patočka, secrétaire tchèque du Cercle philosophique de Prague. Cf. l'article de K. Schuhmann, « Husserl et Patočka », *Les Cahiers de Philosophie*, n° 11-12 (1990-1991), p. 93-102, ainsi que la préface de R. N. Smid au volume XXIX des Husserliana (*Die Krisis der europäischen Wissenschaften und die transzendentale Phänomenologie. Ergänzungsband. Texte aus dem Nachlaß [1934-1937]*), Dordrecht, Kluwer, 1993, p. xi et suiv.

3. MNPP, p. 1.

réveille à lui-même ? Ne s'agit-il pas d'une circonstance historique fortuite, incommensurable donc avec le caractère essentiel de la proto-situation[1] ? Pour notre part, il nous semble que l'apparition d'un monde double marque déjà une sortie de cette situation dont parle Fink et qui est celle de l'attitude naturelle.

Il est vrai qu'il s'agit pour Patočka d'une situation propre à l'homme moderne, différente donc de celle de l'homme antique ou médiéval qui, « *dans sa réflexion théorique sur le monde* [nous soulignons – K. N.], ne doutait pas que l'idée qu'il en avait concernait en principe le même ensemble de choses qui lui était présent dans l'expérience naïve des sens, antérieure à toute médiation théorique[2] ». Seulement, le monde que Patočka veut restituer comme base de toute construction théorique est précisément le monde naturel – non pas le monde tel qu'il est conçu par la réflexion théorique, mais, au contraire, le monde vécu avant toute théorie. Il y a là, on le sait, toute une dialectique, et on connaît le grand débat dont elle a fait l'objet dans la philosophie contemporaine. Ce que nous voudrions souligner dans l'analyse introductive de Patočka est le fait significatif que la distinction entre monde naturel et monde objectiviste ne peut pas être opérée dans l'attitude naturelle comme telle. Ce qui distingue le monde naturel, c'est précisément l'absence de distance critique vis-à-vis de ce qui se donne. Cela dit, ce qui se donne sans notre activité théorique – le monde naturel – « renferme deux composantes » : la première, « le donné », dont relève « tout le matériel sensible déjà informé » ; la seconde, une « composante d'explication », dont relève « tout élargissement naïf et spontané du domaine de l'expérience authentique dans des quasi-expériences » où « l'exigence critique n'est pas encore éveillée »[3]. Les deux composantes, inséparables l'une de l'autre, varient, constate Patočka, selon les conditions historiques et culturelles. De là, la question de savoir si notre monde naturel, à nous les modernes, n'est pas, au fond, le monde scientifique.

Il nous semble que ce qui, en définitive, fait apparaître la distinction du vécu naturel et de la projection scientifique du monde est justement la crise déjà à l'œuvre. C'est donc bien la crise qui nous fait sortir de

1. Nous empruntons ce terme à Fink, qui écrit dans l'article déjà cité (p. 189) : « Quelle est donc la situation d'où sort la prise de conscience de soi de la méthode phénoménologique fondamentale ? Ce n'est pas une situation de la vie déterminée, plus ou moins contingente, mais la *proto-situation* qui supporte toutes les situations déterminées et changeantes : le se-trouver-soi-même de l'esprit dans le monde. »

2. MNPP, p. 6 (trad. mod.).

3. *Ibid.*, p. 7.

l'attitude naturelle. Et il se peut aussi que l'attitude critique radicale de l'esprit ne s'actualise qu'à travers la crise. Cette dernière observation de Patočka[1] est ce qui nous amène à voir dans la crise le moment qui précède l'analyse intentionnelle de la phénoménologie, moment qui la rend possible en nous faisant sortir de notre situation initiale d'engloutissement dans le monde. C'est seulement lorsque la croyance fondamentale en la seule réalité vraie du monde entre en crise que la question du monde naturel, effectivement réel, antérieur à toute réflexion critique, peut s'imposer avec force : la question de savoir ce qu'*est* cette réalité[2].

Patočka veut contribuer au dépassement de la crise, à l'unification du monde, en démontrant le caractère secondaire, dérivé, de l'image du monde construite par les activités théoriques. Si l'on veut démontrer la dépendance de ce monde objectif à l'égard du monde de la vie, du monde naturel, il ne suffira pas toutefois, pour dépasser la crise, de constater et de décrire les prétendues structures du monde naturel. Il faudra encore réduire les deux mondes à leur source commune, à la subjectivité transcendantale. Telle est l'option univoque de Patočka dans ce texte. Ce qui, en revanche, n'est pas univoque, c'est l'utilisation qu'il fait du concept d'esprit.

RÉDUCTION, ONTOLOGIE TRANSCENDANTALE ET PRODUCTIVITÉ DE L'ESPRIT

La question ontologique de l'être du monde naturel, introduite comme question de l'unité du monde, conduit Patočka à une certaine position métaphysique. Il se réclamera d'abord de la tradition de la philosophie transcendantale qui réduit la compréhension de l'étant dans sa complexité à la subjectivité transcendantale « créatrice ». La phénoménologie transcendantale mène cette tradition à sa conclusion en

1. Cf. *ibid.*, p. 6 : « Ce n'est plus à partir du seul *thaumazein* que l'homme d'aujourd'hui en arrive à philosopher; c'est à partir des difficultés internes à sa vie spirituelle, à partir de son état d'âme global. » L'intuition que c'est quelque chose de négatif, une crise du sens, qui nous révèle notre situation fondamentale jouera par la suite un rôle de plus en plus important.

2. Cette question est la source de la réduction phénoménologique, dira Patočka encore en 1947, dans un manuscrit intitulé *Éternité et historicité* (*Věčnost a dějinnost*, Prague, OIKOYMENH, 2007; ci-après EH); cf. la traduction française d'E. Abrams, Lagrasse, Verdier, 2011, p. 79-80.

recourant à une subjectivité plus profonde, « qui n'est plus existante au sens usuel du terme, qui n'est plus un étant parmi les étants, mais qui constitue [...], conformément à des lois, la totalité de ce qui est [1] ». Seule cette conception de la subjectivité permettra de mener à bien la tâche que Patočka a en vue, de montrer que l'unité du monde est bien « l'unité dynamique des activités que l'esprit accomplit [2] », plutôt que celle du matériel dont le monde se compose.

La réduction à la subjectivité transcendantale

Considérée dans l'optique du projet global qu'est l'unification, la formule qui affirme que « la subjectivité transcendantale, c'est-à-dire préexistante, *est* le monde [3] » est compréhensible. Cette thèse, énoncée par Patočka dans le contexte d'une simple « anticipation de [sa] propre tentative de solution [4] », nous incite à remettre sur le métier notre question portant sur le moment spécifique de l'esprit. Le problème du rapport entre « l'esprit et le monde » (selon le titre initial de la conférence de 1935) semble désormais se concrétiser, et nous voyons surgir une difficulté qui paraît d'abord purement terminologique : il y aurait deux concepts d'esprit. Une première acception désignerait l'esprit qui *fait être* le monde, la subjectivité transcendantale qui constitue le monde comme corrélat de l'unité dynamique de ses effectuations. L'autre sens du terme *Geist* se rapporterait à l'acte par lequel l'homme se distancie à l'égard du monde qui, par là, devient « visible ». Il y aurait là un rapport à quelque chose qui, d'abord comme *dunamis*, puis aussi comme *habitus*, constitue un trait essentiel de l'homme, quelque chose qui peut se réaliser par exemple (c'est cette concrétisation de l'acte de l'esprit qui nous intéressera ici), en philosophie phénoménologique, comme regard phénoménologisant qui thématise le devenir du monde. Reste à savoir quel est le rapport entre les deux significations du terme.

Nous laisserons ici de côté la détermination husserlienne de la liberté de la conscience – le « je peux » fondamental et l'attention, mis, au chapitre III du *Monde naturel comme problème philosophique*, dans un rapport de fondation avec l'intentionnalité d'horizon qui conditionne cette liberté – pour aborder directement les méditations

1. MNPP, p. 27 (trad. mod.).

2. *Ibid.*, p. 2.

3. *Ibid.*, p. 27 (trad. mod.).

4. Intitulé de la quatrième section du premier chapitre du *Monde naturel comme problème philosophique*, modifié par les traducteurs français.

méthodologiques du chapitre II, intitulé « La question de l'essence de la subjectivité et de son exploitation méthodique [1] ». Nous chercherons là une réponse à la question du rapport entre l'esprit comme vie transcendantale constituant le monde et l'effectuation de l'esprit au sens plus restreint du comportement humain tourné vers le tout de sa situation.

Dans ce texte, Patočka retrace d'abord le chemin de la radicalisation du doute méthodique depuis Descartes jusqu'à Schelling et Hegel. C'est, selon Patočka, l'idée d'un « scepticisme absolu » qui trouve sa véritable réalisation dans l'*epokhê* et la réduction phénoménologiques [2]. On peut voir là encore une trace de l'influence de Fink. En effet, l'intention de Fink dans les années 1930 était précisément, comme Patočka s'en souviendra encore quarante ans plus tard, d'interpréter le projet husserlien de « l'idéalisme transcendantal-phénoménologique comme un idéalisme créatif et de mettre en évidence les analogies avec l'idéalisme allemand [3] ». Dans la suite du chapitre [4], Patočka défend la liberté de l'attitude transcendantale qui s'abstient de tout acte positionnel. Nous n'allons pas résumer toute la démarche argumentative de ce texte extrêmement dense. Notre parcours à travers cette « métaphysique de la réduction [5] » phénoménologique prendra pour fil conducteur – du moins en partie – la question que Patočka s'est lui-même posée à la lecture de Fink : la réduction phénoménologique est-elle « la connaissance de l'absolu par lui-même » [6] ?

1. *Ibid.*, p. 30-73 (trad. mod.).

2. Dans la table synoptique de la thèse de Patočka, la cinquième section du chapitre II (p. 48-57), dont le titre a été modifié par les traducteurs français, est résumée ainsi : « Le "scepticisme absolu" de Schelling et de Hegel. La réalisation de cette idée dans l'*epokhê* et la réduction phénoménologiques. »

3. J. Patočka, « Erinnerungen an Edmund Husserl », dans W. Biemel (dir.), *Die Welt des Menschen – die Welt der Philosophie. Festschrift für Jan Patočka*, La Haye, M. Nijhoff, 1976, p. x. Voir la traduction française de H. Leonardy, « Souvenirs de Husserl », *Études phénoménologiques*, n° 29-30 (1999), p. 96.

4. MNPP, p. 48-73.

5. Telle est l'expression que Patočka utilise pour caractériser la position de Fink. Cf. son compte rendu de l'article de Fink, « Die phänomenologische Philosophie E. Husserls in der gegenwärtigen Kritik » (*Kant-Studien*, 37 [1933], n° 3-4, p. 321-383), dans *Česká mysl*, 30 (1934), n° 4, p. 240 ; repris dans FS-I, p. 364. Le lecteur français pourra consulter la traduction allemande de M. Heitz et B. Nessler (éd.), dans E. Fink et J. Patočka, *Briefe und Dokumente 1933-1977*, Prague/Fribourg/Munich, OIKOYMENH/Alber, 1999, p. 37-38.

6. Voir la postface de Patočka à la deuxième édition tchèque de sa thèse d'habilitation, « "Přirozený svět" v meditaci svého autora po třiatřiceti letech » (*Přirozený svět jako filosofický problém*, Prague, Československý spisovatel, 1970, p. 155-234), reprise dans le volume 7 des *Œuvres complètes : Fenomenologické spisy II* (ci-après FS-II), Prague,

Malgré ses analogies profondes avec les efforts de l'idéalisme allemand[1] pour découvrir une subjectivité absolue, libérée « de l'immixtion de quoi que ce soit d'objectif [...] dans le principe purement subjectif du savoir[2] », la philosophie phénoménologique ne présuppose, dans son concept préliminaire d'absolu concret, « ni *totalité* absolue, ni loi *universelle* de sa structure[3] ». Tandis que la méthode de l'idéalisme allemand est caractérisée comme méthode logique, la « tentative schellingienne pour dépasser le moi comme essence de la subjectivité » étant conçue comme « présupposé d'une construction synthétique plus parfaite »[4], la doctrine de la constitution, que Patočka appelle aussi la vraie métaphysique[5], « ne suppose aucune thèse sur l'essence de la subjectivité, hormis sa saisissabilité dans la réflexion[6] ». Nous allons voir dans quelle mesure cette présupposition unique devient problématique dès ce texte précoce. C'est d'autant plus intéressant que c'est précisément à partir de la critique de cette présupposition que Patočka développera, dans les années 1970, une philosophie transcendantale asubjective.

La thèse d'habilitation de Patočka, dans ce chapitre méthodologique du moins, marche encore, avec Husserl, sur les pas de la tradition cartésienne[7]. La radicalisation husserlienne du doute méthodique

OIKOYMENH, 2009, p. 265-334 (édition établie par P. Kouba et O. Švec); traduite par E. Abrams sous le titre « Méditation sur *Le monde naturel comme problème philosophique* » dans J. Patočka, *Le monde naturel et le mouvement de l'existence humaine* (ci-après MNMEH), Dordrecht, Kluwer, 1988, notamment p. 57-59.

1. Patočka consacre la première moitié de ce chapitre essentiel de sa thèse aux précurseurs historiques de l'idéalisme transcendantal pour arriver, en fin de parcours, à une comparaison explicite des idéalistes allemands avec Husserl et Fink : « On pourrait donc mettre en parallèle l'*ego* du spectateur transcendantal et le Moi absolu fichtéen : pour l'un comme pour l'autre, la connaissance a un caractère de production, à l'un comme à l'autre il appartient d'être donné selon un mode extra-existentiel. En revanche, le moi que Schelling s'efforce de concevoir plus concrètement serait à mettre en parallèle avec le flux constituant dans sa plénitude. C'est le flux constituant qui produit la croyance au monde... » (MNPP, p. 72; trad. mod.)

2. *Ibid.*, p. 49 (trad. mod.).

3. *Ibid.*, p. 48 (trad. mod.).

4. *Loc. cit.*

5. *Ibid.*, p. 166.

6. *Ibid.*, p. 65.

7. Les premières pages du chapitre III soulignent le caractère essentiellement non définitif de la méthode phénoménologique, par opposition à « l'illusion » qui présente l'essence de la subjectivité comme « toujours présente, donnée et connue ». Cette illusion vient du « thème mathématique de la certitude et de la simplicité du point de départ », ainsi que du « thème psychologique de la certitude de soi de la conscience » (MNPP, p. 75; trad. mod.). Reste, outre ces thèmes proprement cartésiens, la voie ouverte par la description du monde naturel que Patočka emprunte ici avec les derniers travaux de

cartésien consiste en ce que « nous cessons alors de vivre en effectuant l'acte de poser l'être et nous considérons simplement, à titre de *datum*, le contenu total de notre expérience[1] ». Le flux de cette expérience devient l'objet d'un regard théorique qui s'abstient lui-même de poser l'existence du *datum*. Le *datum* est donné « sans altérité possible[2] », de manière apodictique. Il s'agira d'abord de montrer la spécificité de cette « donation subjective pure[3] » de la réflexion transcendantale, par opposition à la réflexion psychologique qui vise aussi une donnée immanente, un vécu intime, apodictique.

La conscience empirique a toujours son objet en dehors d'elle-même. Elle présuppose nécessairement l'existence de son objet parmi d'autres étants, tandis que la réflexion transcendantale s'instaure précisément par la suspension de cette croyance en l'existence empirique; elle regarde seulement la vie de l'expérience qui accomplit ou constitue cette croyance fondamentale. Pour le regard du spectateur transcendantal, son objet n'existe pas, il est un domaine qui « n'est pas encore soumis à la loi de l'être ». Cependant, il n'est pas rien, il est là pour le regard « extramondain », qui ne pose aucune existence :

> La vie transcendantale *n'existe pas*, car elle est justement ce qui nous reste après avoir écarté toutes les manières naturelles de poser l'être; la réduction est une destruction de l'*attitude naturelle* dont la marque propre est l'*habitus* thétique. Et si nous appelons "monde" l'univers de ce qui existe comme objet d'une thèse naturelle possible, nous devrons reconnaître que la vie transcendantale ne se trouve nulle part au monde[4].

En plus, face au caractère fini des étants mondains, Patočka admet une certaine infinitude de la subjectivité transcendantale. Il donne trois déterminations de la finitude. La première est générale : être au monde. Les deux suivantes sont spécifiques à l'être vivant : être lié à un corps et dépendre de la donation du monde extérieur[5].

Husserl, sans pour autant abandonner la méthode selon laquelle c'est l'autoréflexion de la conscience qui donne le transcendantal comme tel.

1. MNPP, p. 49.
2. *Ibid.*, p. 50.
3. *Loc. cit.*
4. *Ibid.*, p. 50-51 (trad. mod.).
5. « L'analyse phénoménologique découvre tout étant naturellement thématique comme *étant au monde*, ayant sa place déterminée parmi d'autres objectités existantes. En ce sens, tout étant posé et examiné dans l'attitude naïve, naturelle est un étant *fini*. [...] En revanche, l'"être" que découvre le regard du spectateur phénoménologique au cours du

La conscience transcendantale, à l'opposé de la conscience empirique, « a seule son objet en elle-même ». Cela signifie qu'en fin de compte à l'objet de ce regard « appartient non seulement tout ce qui est donné subjectivement mais aussi tout le donné objectif, tout ce dont on peut avoir conscience en tant que tel[1] ». On pourrait dire : le monde comme l'ensemble des étants, « noématisé » par la réduction, se donne au regard du phénoménologue comme « phénomène » avec l'ensemble correspondant des activités « noétiques ». On le voit : le contenu et la forme du monde deviennent phénomènes d'une conscience phénoménologique. Il n'y aurait donc rien qui échapperait au regard réflexif du spectateur phénoménologique. Mais qu'en est-il de l'activité de cette réflexion elle-même ? N'est-elle pas également, d'une certaine manière, une conscience thétique[2] ?

L'ontologie transcendantale

L'ontologie qui se passe de la réduction transcendantale étudie la structure de la réalité, c'est-à-dire un *a priori* qui fonctionne comme loi de l'expérience. En revanche, « la question plus radicale portant sur la nature même de l'être ne saurait, elle, faire l'économie de la réduction[3] ». De là, l'intérêt ontologique de l'entreprise husserlienne. Patočka ouvre son étude de cette théorie transcendantale de l'expérience en posant la caractéristique suivante : qu'il soit subjectif ou objectif, l'objet de l'expérience « est la diversité de l'étant dans toute son étendue. [...] Comprendre l'origine de l'expérience de l'étant signifierait donc : examiner ce qu'est cette fonction de compréhension de l'être[4] ». La réduction n'est pas un moyen de déceler les structures *a priori* de la réalité qui sont toujours déjà opérantes dans l'expérience avant la réduction. Ce qui est recherché par l'ontologie transcendantale, ce n'est pas l'être en tant qu'il

processus de réduction phénoménologique n'est pas un étant dans le monde, il n'est donc pas non plus un étant fini au sens que nous venons d'indiquer, mais, contenant en lui-même le monde en tant que phénomène, il est le plan de l'origine transcendantale de l'étant au sens usuel, fini. » (MNPP, p. 57 ; trad. mod.)

1. *Ibid.*, p. 51-52 (trad. mod.).

2. Patočka lui aussi se fait cette objection et renvoie d'abord au caractère non mondain, non fini, de la « préexistence » découverte par la réduction, mais il reconnaît ensuite, dans le contexte d'une discussion approfondie sur le statut de la conscience transcendantale, que l'activité du spectateur transcendantal « est à la fois transcendantalement synthétique et transcendantalement thétique » (MNPP, p. 61).

3. MNPP, p. 54.

4. *Ibid.*, p. 26-27.

est extérieur au vécu mais l'être qui se manifeste dans le phénomène. Cette manifestation de l'être même n'est « visible » que par la suspension de toute activité thétique. « L'ontologie, en ce sens profond du terme, est une doctrine transcendantale portant sur l'essence et les formes de la conscience thétique en général[1]. » Patočka énonce la définition suivante : « l'être est la loi universelle (c'est-à-dire englobant toute l'expérience) » – sauf précisément l'expérience transcendantale du spectateur opérant la réduction – « de la légitimabilité »[2]. À partir de « l'idée du processus de réduction », d'une part, et, d'autre part, de « l'expérience dans le champ de l'apodicticité », le spectateur découvre sa « thèse-cadre de l'ontologie », la définition que nous venons de citer[3] et « qui subordonne tout être légitimable à la conscience transcendantale comme au lieu de son origine[4] ». En revanche, l'activité thétique du spectateur phénoménologique, en tant qu'il se trouve au-delà du monde et ne contribue en rien à la thèse générale de l'étant mondain, ne fait l'objet d'aucune ontologie. Pour être plus précis, Patočka ne conçoit aucune ontologie du spectateur transcendantal : « Nous allons nous occuper, dit-il clairement, de la transcendance propre à la conscience thétique, c'est-à-dire à toute conscience hormis celle de l'observateur transcendantal[5]. » Pour lui, les difficultés posées par le statut ontologique du spectateur transcendantal sont « tout à fait particulières et d'un ordre supérieur[6] ».

On peut comprendre que Patočka ait pris, avec Husserl, la décision de limiter l'entreprise de l'ontologie transcendantale à la conscience thétique de la vie transcendantale telle qu'elle se donne à partir du phénomène du monde. « C'est donc dans la conscience thétique qu'il faut chercher la réponse à la question de l'essence de l'être, et cette conscience thétique appartient au phénomène en tant que composante essentielle[7]. » C'est la conscience thétique qui a pour corrélat l'étant. Il s'agit de rechercher les lois de cette corrélation. L'éclaircissement

1. *Ibid.*, p. 55.

2. *Ibid.*, p. 56 (trad. mod.).

3. Cf. aussi *ibid.*, p. 55 (trad. mod.) : « Nous disons qu'*est* ce qui peut légitimer sa prétention à être posé; l'être est la légitimabilité. Mais pour poser de façon véritablement universelle la question de la nature de l'être en tant que légitimabilité, il faut thématiser la légitimabilité de tous les domaines fondamentaux de l'étant et la faire apparaître elle-même comme phénomène un ayant sa structure spécifique. »

4. *Ibid.*, p. 56.

5. *Ibid.*, p. 61 (trad. mod.).

6. *Ibid.*, p. 60-61.

7. *Ibid.*, p. 55-56 (trad. mod.).

philosophique du monde consistera, par conséquent, dans l'analyse de la constitution. Les problèmes transcendantaux sont des problèmes « constitutifs », puisque cet éclaircissement, qui doit examiner « la corrélation entre l'objet apparaissant et les séries de vécus » dans leurs différentes formes et régularités typiques, est « la réflexion sur la *constitution* de l'objet ou de l'objectité (d'un type d'objets) dans la conscience »[1]. Même si Patočka n'aborde pas le problème de l'éclaircissement du mode d'être de la conscience transcendantale, il la définit à plusieurs reprises, de façon catégorique, comme « préexistante » à l'être mondain. Il n'entre pas, comme Fink, dans la recherche subtile, voire spéculative, du mode d'être de ce *Vorsein* qu'est le spectateur phénoménologique, mais il pose néanmoins la question du statut de la connaissance transcendantale dont ce spectateur est le sujet. Celui-ci est, nous l'avons déjà dit, dans sa transcendance vers l'être en totalité, « transcendantalement synthétique et transcendantalement thétique ».

Le double sens de l'esprit et la question de sa productivité réciproque

Avant la réduction phénoménologique, nous rencontrons diverses ontologies mondaines qui étudient les structures des régions de l'étant, ainsi que l'ontologie formelle du « quelque chose en général ». L'accomplissement de l'*epokhê* et de la réduction au phénomène rend possible une ontologie transcendantale qui étudie, dans l'apparaître pur, la production de l'être mondain, sa « constitution ». Ce qui est découvert ainsi, c'est l'origine de la croyance fondamentale en l'existence produite par la vie transcendantale. Tel est le premier sens de la productivité de ce qu'on peut appeler l'esprit. L'entreprise « ontologique » transcendantale présuppose à son tour la « croyance » du spectateur phénoménologique, dans la mesure où « c'est seulement par son regard que la vie transcendantale *naît* et *vaut pour lui*[2] ». Cette non-réceptivité du regard phénoménologique, pour lequel il n'y a pas d'objet transcendant, est pourtant appelée « transcendance ». Car la transcendance du spectateur phénoménologique dépasse le monde, « elle est une transcendance à l'intérieur de la conscience transcendantale, une transcendance vers l'être en totalité, une transcendance au-delà du monde[3] ».

1. MNPP, p. 62 (trad. mod.).
2. *Ibid.*, p. 57.
3. *Ibid.*, p. 61 (trad. mod.).

Nous revenons ainsi à la signification spécifique de l'esprit que nous suivons ici : l'esprit comme transcendance, attitude consciente dirigée sur la totalité du monde. La grande tâche de la phénoménologie transcendantale face à la crise, la tâche de réunification de la vie face à la scission de la conscience moderne, sera à accomplir par la réduction de tout étant à l'unité de l'esprit. Or, la vie constituante n'est pas spirituelle de la même manière que l'est, en tant que *dunamis*, la vie individuelle de l'homme. L'esprit qui se réalise comme regard du philosophe, du spectateur phénoménologisant, se confronte à ce qui l'englobe, au monde, et « découvre » la vie transcendantale. Est-ce à celle-ci que Patočka attribue, dans les premières pages de son livre, le caractère unifiant de l'esprit ? Si cette vie profonde (anonyme) est bien ce qui constitue le monde, le sens, l'être compréhensible, ce sera elle qui est l'esprit, créateur de sens. Le même ou un autre ? L'unité de l'activité de la vie – du « monde se faisant » – avec le spectateur qui l'observe est, pour Patočka comme pour Fink, « purement analogique [1] ». Cela étant, pourquoi parler d'unité ? Parce que la vie déchirée de l'homme moderne a un besoin purement pratique, mondain d'unité ? L'exigence d'unité ne serait-elle pas ici plutôt un besoin intellectuel du système philosophique ? Sans doute la réponse au premier de ces besoins est-elle liée à la satisfaction de l'autre. Au fond, l'idéalisme allemand ne disait pas autre chose.

On pourrait se demander alors si la phénoménologie transcendantale ne reste pas en deçà de la construction synthétique propre à l'idéalisme allemand. Il faudra, pour répondre, préciser davantage la méthode de la connaissance phénoménologique. Patočka consacre à cette tâche la suite de la sixième section du chapitre II de son ouvrage [2], arrivant ainsi à une autre signification de la productivité de la subjectivité transcendantale entendue comme flux de la vie constituante : la productivité constructive de la connaissance transcendantale.

La conscience empirique est essentiellement réceptive en ce sens qu'elle se trouve toujours renvoyée à l'étant. La spontanéité du regard phénoménologisant ne tient pas uniquement au fait que c'est ce regard comme tel qui fait apparaître son objet. Le passage du « fonctionnement anonyme » de la vie constituante, dissimulée à elle-même, à la saisie de son « être pour soi » dans le regard du spectateur apporte sans doute quelque chose de neuf.

1. *Loc. cit.*
2. *Ibid.*, p. 62-69.

Il y a une différence entre ce qui précède la réduction et ce qui la suit. Il est vrai que « la conscience transcendantale n'est pas impliquée [...] dans nos thèses ontiques [1] » de la même manière que l'ensemble des présupposés ontologiques, c'est-à-dire en tant qu'*a priori* mondain. À l'opposé de cet *a priori*, qui fonctionne dans notre compréhension des choses particulières, la « conscience transcendantale n'est ni un présupposé logique ni une loi ontologique que l'on pourrait dégager par la réflexion logique ou ontologique [2] ». Cette remarque veut répondre à la critique qui reprocherait au philosophe effectuant la réduction de ne pas respecter l'exigence d'abstinence de *toute* activité thétique imposée par l'*epokhê*. Certes, le regard pur, désintéressé ne contribue en rien à la thèse générale du monde, nous dit Patočka [3], mais il n'en est pas moins possible que la conscience transcendantale du spectateur phénoménologique se manifeste dans l'expérience, quand même elle n'y est pas productive de la même façon que la vie constituante.

L'analyse de la conscience constituante peut s'appuyer sur les résultats mondains de son activité. Ce n'est donc ni la réflexion logique ni la réflexion ontologique, mais plutôt la réflexion transcendantale avec sa méthode des fils conducteurs transcendantaux qui rend possible l'analyse opérée par la phénoménologie statique et génétique. Cependant, toutes les difficultés méthodologiques ne sont pas résolues pour autant. Reste encore à la connaissance transcendantale à rendre compte de sa propre possibilité et de son propre statut.

Dans un passage consacré à la méthode phénoménologique, Patočka écrit que, outre sa tâche « descriptive (qui est naturellement analytique), la phénoménologie a encore une composante, au sens ultime, explicative, c'est-à-dire constitutive [4] ». Dans ces lignes, Patočka est conduit à reprendre à neuf la question du rapport et de la différence entre la méthode phénoménologique et celle de l'idéalisme allemand. Même la démarche synthétique de la phénoménologie génétique, qui présente la constitution transcendantale « de façon pour ainsi dire historique, allant des strates les plus fondamentales aux strates les plus élevées », ne serait pas une démarche véritablement constructive, mais « une simple méthode d'exposition », méthode qui ne concernerait donc pas la

1. Cf. MNPP, p. 53.

2. *Ibid.*, p. 54.

3. *Ibid.*, p. 64.

4. *Ibid.*, p. 65 (trad. mod.). Fink en parle dans son article des *Kant-Studien* (trad. fr. dans *De la phénoménologie*, p. 163) comme du troisième concept d'intentionnalité qui est « le concept constitutif-transcendantal (productif-créatif) ».

recherche proprement dite, laquelle « demeure toujours analytique »[1]. La nécessité d'une théorie de la connaissance transcendantale – sous-estimée par Kant, mais développée par ses successeurs et reprise avec vigueur dans les travaux phénoménologiques de Fink – est toujours actuelle. Il faut, en d'autres termes, approfondir « la doctrine transcendantale de la méthode » phénoménologique.

La connaissance transcendantale est, elle aussi, une démarche discursive, intellectuelle, relevant de la recherche eidétique. D'une part – dit Patočka – « que l'idéation dans le domaine transcendantal est bien possible, cela n'a pas besoin d'être prouvé[2] ». Le regard de la réflexion réductive dégage, en effet, une typique, une légalité. Dans le domaine qui apparaît grâce à la réduction qu'opère le spectateur phénoménologique, dans la vie constitutive, le regard constate (à l'instar de la réflexion psychologique) des différences entre plusieurs types de vécus, tels les souvenirs, les perceptions[3], etc. Partout où une telle typique du vécu se donne au regard phénoménologique, « il est possible aussi d'en opérer la thématisation, c'est-à-dire la saisie eidétique[4] ».

D'autre part, Patočka nous met en garde : « Il ne faudrait pas cependant oublier les différences essentielles entre eidétique naturelle et eidétique transcendantale[5]. » C'est sur ce point que se révèle la productivité constitutive à attribuer à la conscience transcendantale du spectateur phénoménologique lui-même. Il y a une part constructive, interprétative, dans toute intuition eidétique. Dans l'expérience transcendantale du spectateur, il y a un moment de productivité irréductible même au « flux spontané » de la vie constituante :

1. *Loc. cit.*

2. *Ibid.*, p. 68 (trad. mod.).

3. Husserl, à la question de l'analogie à retrouver entre l'essence mondaine et l'essence transcendantale qui, aux yeux de Fink, est accessible d'une manière radicalement différente de l'*eidos* mondain, rétorque : « Quelle analogie est-ce là ? [...] L'activité nouvelle, l'activité dévoilante du moi transcendantal transposé depuis l'*epokhê* est précisément à son tour l'activité du moi transcendantal d'un nouveau mode, et sur un arrière-fond modifié. – Elle est toujours vie de conscience avec tous les modes qui en font partie, perception, souvenir, modalisation, etc. » Cf. E. Fink, *Sixième Méditation cartésienne*, Grenoble, Millon, 1994, p. 136-137, note 274; trad. N. Depraz. Patočka refuse à son tour un dédoublement possible entre les deux modes de conscience, avant la réflexion et dans la réflexion transcendantale. Le regard phénoménologisant n'intervient pas dans la vie doxique; cela étant, il ne peut ni la modifier ni la dédoubler (MNPP, p. 62-63).

4. MNPP, p. 68.

5. *Loc. cit.*

> En tant qu'il effectue cette intuition, le spectateur transcendantal accomplit à vrai dire une autre réduction encore, à savoir celle de la facticité transcendantale à l'eidétique transcendantale [...]. À partir de là, le cours de la vie transcendantale ne porte plus l'indice du flux créateur spontané, mais plutôt de l'intention théorique du spectateur transcendantal[1].

S'il y a donc pour Patočka un moment constructif, interprétatif de la phénoménologie transcendantale, un moment qui interdirait de la définir comme une méthode purement analytique, c'est là qu'il est à trouver. La connaissance transcendantale n'est pas la constatation pure et simple de ce qui se donne au regard désintéressé, il y a une part d'interprétation dans l'acte de la réduction phénoménologique[2].

Pour parler très grossièrement, on peut voir dans cette constitution productive ou bien un moment de la connaissance absolue, une certaine fusion avec l'absolu, qui rappelle le thème du « philosophe divin[3] », ou bien, plus modestement, un moment d'un projet métaphysique dans lequel nous entrevoyons, dans l'acte même, son incommensurabilité par rapport au véritable absolu qu'il ne fait pour ainsi dire que « frôler ». Telle était, nous semble-t-il, la position de Patočka. Il l'exprime d'ailleurs lui-même, très clairement, dans un autre texte, également publié en 1936 :

> La philosophie est un éclaircissement, la mise au clair d'une certaine position possible de l'esprit parmi d'autres – avec cela que nous ne parviendrons sans doute jamais à pénétrer pleinement le moment de liaison supra-individuel, surhumain, qui fait de l'infinie richesse des points de vue l'unité de l'esprit. La philosophie est dès lors une sorte de

1. MNPP, p. 68 (trad. mod.).

2. Pour préciser le propre de cette eidétique transcendantale en fonction de celle de la connaissance naturelle, Patočka renvoie, pour la première fois de façon explicite, à la *Sixième Méditation cartésienne* de Fink, qui caractérise l'eidétique naturelle, la recherche de l'*a priori*, comme « *anamnêsis* », « *appropriation* thématique d'un savoir que nous avons déjà ». En revanche, « l'*eidos* transcendantal n'est pas un "*a priori*" – si l'on doit entendre par *a priori* l'*antécédence* d'un savoir de la pré-donnée », dit Fink dans cet ouvrage (p. 138-139). Et Patočka de résumer : « La conscience transcendantale n'a plus de présupposés, étant la création de l'*a priori* et de l'*a posteriori* tout ensemble ; il n'y a donc pas ici à proprement parler de différence entre l'un et l'autre de ces termes au sens mondain » (MNPP, p. 69). Dès lors, on comprend mieux pourquoi Patočka met en parallèle le spectateur phénoménologisant et le Moi absolu de Fichte pour lequel il n'y a plus d'*a priori* : l'*a priori* devient *a posteriori* et vice versa.

3. MNPP, p. 65.

gaie résignation : elle connaît, certes, l'absolu, mais non de façon absolue [1].

Patočka s'en tient donc, là encore, à ce qu'il a déjà dit en 1934 de la conception finkéenne de la réduction phénoménologique comme « acte progressif d'autocompréhension de l'absolu », mettant en garde contre le thème hégélien qu'il trouve également dans « le caractère, non pas de réceptivité, mais de création » qui lui semble propre à « l'interprétation constitutive » chez Fink. C'est, à son avis, la différence entre connaissance de soi de l'absolu et connaissance absolue qui sépare Husserl de Hegel. Selon Patočka, Husserl lui-même souligne « la relativité nécessaire de *tout* effort noétique [2] ».

L'esprit n'est pas exclusivement un regard théorique, et même là où il est, de la manière la plus radicale qui soit, *theôria* pure (dans l'*epokhê* phénoménologique), il demeure *une* interprétation parmi d'autres. La philosophie est une réalisation de l'esprit humain qui « prend ses impulsions dans la vie, leur donne une forme solide et les renvoie dans la vie [3] ». Loin qu'elle se place au-dessus de la vie comme théorie suprême, c'est « la vraie vie, appelée à l'existence en recevant une forme », qui est « la source éternelle de l'intérêt philosophique et de la réflexion philosophique » [4]. Ce qui lie l'esprit qui se manifeste dans la philosophie à l'esprit héroïque qui crée des formes de vie, c'est qu'en philosophie « nous devons tenter le surhumain », penser la vie comme unité paradoxale, inaccessible, du fini et de l'infini [5]. Et d'évoquer en conclusion la parole de Hölderlin, « *wer das Tiefste gedacht, liebt das Lebendigste* » [6]. Le retour de l'esprit à la vie n'a ainsi rien de fortuit.

1. J. Patočka, « Kapitoly ze současné filosofie » (Chapitres de philosophie contemporaine), *Kvart*, 3 (1936), n° 3, p. 175-188 ; repris dans et cité ici d'après PoD-I, p. 92. Il ne s'agit pas là d'une résignation relativiste tout court, nous le voyons à la fin du texte cité (p. 100), où Patočka revient aux notions que l'on trouve justement chez Fink : « Si nous ne croyions pas qu'il y a quelque chose de divin dans l'acte de philosopher, nous ne pourrions pas attendre de la philosophie un véritable approfondissement de la vie [...] La vie [...] n'est rien d'autre que la profonde et paradoxale unité du fini et de l'infini, comme une autolimitation de l'infini... »

2. Cf. le compte rendu, déjà cité, de l'article publié par Fink dans les *Kant-Studien*, FS-I, p. 364.

3. « Kapitoly ze současné filosofie », PoD-I, p. 98.

4. *Ibid.*, p. 98-99.

5. Cf. *ibid.*, p. 100.

6. *Loc. cit.* Cf. F. Hölderlin, « Socrate et Alcibiade », dans *Poèmes*, Paris, Aubier-Montaigne, 1943, p. 153 : « La pensée la plus profonde aime la vie la plus vivante » (trad. G. Blanquis).

Nous avons cité ces réflexions de 1936 sur la philosophie contemporaine parce qu'elles donnent une idée du contexte dans lequel Patočka déploie sa métaphysique de la réduction phénoménologique. Quelle est, au bout du compte, la réponse de cette théorie transcendantale de l'expérience à notre question concernant l'esprit ? Nous étions parti du présupposé qu'il faudrait distinguer deux significations de l'esprit correspondant aux deux « moments » de la subjectivité transcendantale : 1) l'esprit comme « vie » qui constitue le monde, et 2) le regard du philosophe à travers lequel le monde apparaît comme constitué et la vie comme constituante. Nous n'avons vu nulle part que Patočka ait qualifié le premier moment de « spirituel ». La vie constitutive est présentée comme anonyme – inséparable du monde à partir de l'apparaître duquel seul elle est accessible, elle n'est pas pour elle-même. Plus précisément, la vie constituant le monde n'est esprit, c'est-à-dire essentiellement pour soi, que dans le regard du spectateur phénoménologisant. Elle n'est esprit que dans une certaine interprétation, où l'interprète lui-même est derechef à interpréter comme une réflexivité pure, non mondaine et non finie. Il ne s'agit donc pas ici d'un retour de l'Esprit à lui-même, ni même d'une forme de connaissance absolue, mais bien plutôt d'une institution de l'esprit sous les espèces idéalistes de la subjectivité transcendantale. Ce qui, chez Patočka, permet de dépasser l'approche idéaliste défendue dans sa thèse d'habilitation, c'est précisément l'inquiétude, l'essence critique de l'esprit qui, d'une certaine manière, a ouvert les portes de la réduction phénoménologique.

L'ESPRIT ET LA DIFFÉRENCE ONTOLOGIQUE : LA CRITIQUE DE L'IDÉALISME HUSSERLIEN

La question de l'esprit est un ferment qui travaille toute l'œuvre de Patočka, jusque dans le changement profond que sa pensée traverse dans l'après-guerre, sous l'influence manifeste de Heidegger. Il découvre alors un autre sens du moment proprement spirituel de l'homme : la vraie transcendance, c'est le dépassement radical de tout étant. Ce *transcensus* est un acte essentiellement négatif, dont la source est plus profonde que la conscience intentionnelle. La « *Hineingehaltenheit in das Nichts* » – l'« instance dans le rien » évoquée par Heidegger dans sa conférence de

1929 « Qu'est-ce que la métaphysique? »[1] – est à la base de cette nouvelle détermination de l'esprit qui demeure en même temps, pour Patočka, le principe actif, formateur de la vie. L'esprit est ainsi une réponse libre à l'appel de la transcendance qui ne se réalise pourtant qu'en relation avec l'étant. Dans le contexte phénoménologique, le tournant de l'esprit, l'*epokhê*, garde sa dimension transcendantale de retour à ce qui rend possible la compréhension de l'étant. La transcendance de l'être est la condition de possibilité de l'accès à l'étant qui, quant à lui, n'est plus réductible à la co-action des intentions constituantes. Patočka abandonne la conception de la transcendance dans l'immanence et situe l'esprit, ce moment négatif qui participe à la transcendance de l'être, dans une dialectique de lutte, de résistance contre la prédominance de l'étant objectif.

La critique de la réduction phénoménologique

On trouve une première critique de l'analyse intentionnelle en 1944, dans un brouillon de lettre à Ludwig Landgrebe[2] découvert parmi les papiers de Patočka à sa mort. Dans un passage-clé, on y voit poindre la radicalisation de l'observation concernant le caractère interprétatif de l'analyse constitutive que nous venons de mettre en rapport avec la lecture critique de Fink. « *Kurz, ich verstehe die konstitutiven Leistungen nicht als in schlicht-gegenständlicher Reflexion* Gegebene, *sondern als eine durch das in der Reduktion zur vollständigen Freiheit gesteigerte Selbstverständnis gewonnene* Deutung *des eigenen Kontakts mit fremden Seienden*[3]. » Cette conception « interprétative » des données phénoménologiques ne conduira pas Patočka au relativisme, à la conception d'un monde plat et sans profondeur; il poursuit en effet : « *Der absolute Ursprung ist nie rein objektiv zu gewinnen – und deshalb kann auch die konstitutive Phänomenologie keine absolute Wissenschaft sein in dem üblichen Sinne einer rein-objektiven Wissenshaltung, der reinen θεωρία,*

1. Les propres conceptions de Patočka sur la liberté humaine ont toujours été profondément influencées par ce motif. Émilie Tardivel en a fait le fil conducteur de son ouvrage *La liberté au principe. Essai sur la philosophie de Patočka*, Paris, Vrin, 2011.

2. Manuscrit daté du 6 décembre 1944; Archives Patočka, n° 3000/222.

3. « Bref, je comprends les accomplissements constitutifs, non pas comme quelque chose de *donné* dans une réflexion purement objective, mais comme une *interprétation* du propre contact avec les étants étrangers acquise par l'autocompréhension poussée dans la réduction jusqu'à la liberté totale. »

sondern – indem sie die Grundlage jeder objektiven Wissenschaft abgibt – ist sie ein Selbsterweis des Absoluten im Sinne des Freien[1]. »

Le retour de l'absolu à lui-même à travers l'*epokhê* et la réduction n'est plus possible comme science rigoureuse, car chaque science, chaque théorie a une « tendance naturelle à l'objectivation » tandis que « l'origine » a le caractère non objectivable d'une non-objectité, elle est *ungegenständlich*. La réflexion transcendantale n'est pas absolument donatrice, comme le voulait Husserl, elle est une interprétation. La subjectivité n'est pas directement saisissable par la réflexion. Pourtant, la phénoménologie, c'est-à-dire l'interprétation du contact, grâce à l'*epokhê*, du moi avec l'autre, avec un étant étranger, n'est pas un dévoilement de soi de l'absolu (*Selbstenthüllung des Absoluten*) au sens de la médiation hégélienne, quoique ce soit bien de là que le libre acte de l'*epokhê* tire la force de sa radicalité : l'orientation non objective (*ungegenständliche Wendung*) de l'esprit vient d'un non-objectivable (*das Ungegenständliche*). Patočka avoue à la fin de ce texte qu'il ne peut, pour l'instant, exprimer autrement la conviction profonde qu'il a de la relativité de toute science : « *Ich behaupte nun, daß jede noch so gehaltvolle und in sich geglückte Selbstentfaltung des Absoluten nur die Stufe des Freien betrifft und ein Ringen der Freiheit in sich selbst bedeutet, aber die höchste Gewähr keineswegs in sich selbst enthält*[2]. » Autrement dit, la connaissance de l'absolument absolu (*das absolut Absolute*) ne peut être comprise comme sa manifestation directe dans l'autre.

Trois ans plus tard, traitant en 1947, sous le titre *Éternité et historicité*, le problème de l'éthique tel qu'il se pose dans la philosophie contemporaine, Patočka esquisse une critique de la phénoménologie husserlienne. Il ouvre cette critique en notant que la partie positive de la démarche fondamentale de Husserl, la réduction à la conscience « constituante », est problématique dans la mesure où elle se met en quête d'une évidence, évidence qui, elle, demeure liée à la donation de l'objet. La conscience réduite partage le mode d'être de l'objet – elle est

1. « L'origine absolue ne peut jamais être acquise de façon purement objective – et, partant, la phénoménologie constitutive ne peut pas être une science absolue au sens usuel d'une attitude de savoir purement objective, de la *theôria* pure, plutôt elle est – tout en fournissant la fondation de chaque science objective – une auto-attestation de l'absolu au sens de ce qui est libre. »

2. « J'affirme maintenant que tout déploiement de soi de l'absolu, si riche en contenu et si réussi qu'il soit en lui-même, ne concerne que le niveau de ce qui est libre et signifie une lutte de la liberté en elle-même, mais ne contient aucunement comme tel la garantie suprême. »

ce qui est susceptible d'objectivation. Le problème de la donation comme telle semble ainsi escamoté, la question de la « couche hylétique » minimisée. En substituant l'être à l'étant qu'est, malgré tout, la conscience transcendantale, Husserl retombe dans les paradoxes de l'idéalisme absolu. Ne faudrait-il pas chercher plutôt « un autre procédé de réduction[1] »? Dès 1947, Patočka veut renouer avec l'entreprise phénoménologique de l'*epokhê* comme voie d'accès à l'être, et il voit bien désormais la nécessité de la distinguer de la démarche réductive : « La réduction phénoménologique est dominée d'emblée par le souci de la résorption de l'objet dans le sujet, par le souci non seulement de la caractérisation globale et du destin de l'être même, mais de cet être uniquement en tant et pour autant qu'il est compréhensible[2]. » Elle en appelle à ce qui est constaté et visé comme phénomène pur, comme ce qui se donne soi-même. « Au nom de quoi prêche-t-on cependant ce principe de la donation absolue? N'est-ce pas dire qu'on a d'ores et déjà décidé du concept de ce qui est[3]? » La réduction fait ainsi obstacle au questionnement radical dont elle-même fait partie. La distinction nette entre *epokhê* et réduction qui jouera un rôle central chez le dernier Patočka n'est pas encore explicite dans ce manuscrit de la fin des années 1940. Le problème auquel cette distinction répond se pose toutefois avec force, comme nous le montre la lecture d'un autre texte, plus pointu, légèrement postérieur.

C'est dans un manuscrit intitulé précisément « Critique de la philosophie phénoménologique de Husserl » que Patočka aborde à nouveau ces questions, d'un autre point de vue, dans le cadre moins d'un commentaire de Husserl que d'un éclaircissement plus général sur le sens de l'entreprise phénoménologique dans le contexte alors actuel de la philosophie[4]. Les premières lignes déjà relèvent un détournement de la philosophie contemporaine de l'intention scientifique de parvenir à un savoir sur le tout de l'univers ayant un caractère « concret, positif et

1. EH, p. 127.
2. *Ibid.*, p. 128.
3. *Loc. cit.*
4. Archives Patočka, n° 3000/024 : « Kritika Husserlovy fenomenologické filosofie ». Sur l'enveloppe contenant les neuf feuillets du manuscrit, ce titre en remplace un autre, biffé par Patočka : « Transzendenz, Freiheit, Unendlichkeit und Endlichkeit, Schuld ». Le lecteur français pourra consulter la traduction allemande dans J. Patočka, *Vom Erscheinen als solchem. Texte aus dem Nachlaß*, Fribourg/Munich, Alber, 2000 (édition établie par H. Blaschek-Hahn et K. Novotný), p. 38-51.

contraignant[1] ». Ce sont les sciences qui fournissent ce type de savoir, mais elles ne peuvent satisfaire l'exigence métaphysique du rapport à la totalité. Le fait que tout savoir concret et positif exclut le rapport à la totalité signifie pour la philosophie à la fois une perte et un gain, car, avec la délimitation précise de ce qu'on peut savoir de façon positive et objective, la question de l'accès à ce qui se situe au-delà de ce domaine n'en devient que plus urgente – du moins pour la philosophie.

Le problème de cet accès comme processus qui transcende le savoir objectif et positif est, selon Patočka, le problème central. La philosophie contemporaine vise surtout à « dégager l'acte originel de liberté[2] » qui rend possible une telle transcendance et, par là, instaure et légitime la possibilité de la philosophie elle-même. Toute l'ambiguïté du rapport à la métaphysique dont nous avons parlé plus haut est d'emblée présente dans ce texte. La métaphysique est mise expressément en accusation comme prétention au savoir positif là où celui-ci est impossible, et en même temps la possibilité de la philosophie est renvoyée à cette impossibilité, à la compréhension de cette impossibilité qui exige un point de vue au-delà du positif, une méta-physique.

Pour Patočka, les philosophies marquantes du XXe siècle sont autant de tentatives pour penser cet acte de liberté; parmi elles, la plus radicale est la phénoménologie transcendantale d'Edmund Husserl. Ce qu'il y a de plus radical chez Husserl, c'est la négativité (qui caractérise l'acte de la liberté chez d'autres auteurs également), car l'*epokhê* est censée surmonter non seulement le contenu mais encore la forme du monde. Cet acte, on le sait, ne peut pas être motivé. En revanche, si tout doit être soumis à l'acte négatif de mise en suspens qu'est l'*epokhê* husserlienne, ce qui nous reste n'est pourtant pas rien : « L'esprit se relève ici de la finitude, de la limitation (ce qui signifie, en définitive, la non-liberté) vers l'illimitation, l'infini[3]. » La première remarque critique de Patočka suit immédiatement cette description : « L'acte de liberté signifierait donc l'infinitude[4]. » La distance exprimée par le conditionnel est très nette.

La deuxième remarque concerne le caractère tautologique de l'explication que Husserl et Fink donnent de la réduction phénoménologique : « Nous avons indubitablement le pouvoir de renverser l'orientation de la vie jusque-là, pouvoir dont se persuadera celui qui

1. « Kritika Husserlovy fenomenologické filosofie », fol. 1r; trad. all., p. 38.
2. *Ibid.*, fol. 1v; trad. all., p. 39.
3. *Ibid.*, fol. 5r; trad. all., p. 44.
4. *Loc. cit.*

accomplira l'acte de réduction et s'adonnera à l'explication de l'univers phénoménologique de la vérité [1]. » Si, en revanche, l'on admet qu'il y a quelque chose qui active ce pouvoir, celui-ci sera subordonné à ce « quelque chose », qui rendra ainsi problématique la conception de l'*epokhê*. Elle ne sera plus universelle, du moins à supposer que « l'activateur soit quelque chose existant comme objet au monde ou comme l'univers lui-même [2] ». Or, Patočka s'accorde avec Husserl pour refuser cette condition : c'est tout objet, voire « l'ensemble de toute objectité », qui est à surmonter, à suspendre par l'acte de la réduction, laquelle est précisément « liberté à l'égard de tout objet » [3]. Si le « quelque chose » a nécessairement qualité d'objet ou, pour revenir aux propres thèses du Patočka des années 1930, si « l'être signifie la légitimabilité », la démonstrabilité pour la conscience, la liberté de la réduction sera alors tout à fait inexplicable. La possibilité de l'acte de l'*epokhê*, sur laquelle Patočka insiste et insistera jusque dans ses derniers écrits, implique que le comportement humain n'est pas caractérisé uniquement par l'intentionnalité, au sens de la « faculté de tenir devant soi, devant le regard, une unité d'objet [4] » (une *gegenständliche Einheit*, en termes husserliens). L'acte de liberté dont il s'agit ici présuppose aussi « la possibilité de se retirer non seulement de chaque contenu objectif en particulier mais de tous à la fois [5] ». La possibilité de l'acte libre ne tient ni à la conscience en tant qu'intentionnalité essentiellement objectivante ni à « notre subjectivité privée », ni même à « la subjectivité en général » [6]. Elle vient d'un « quelque chose » qui « n'est pas », étant par essence non objectivable.

Cette condition de la liberté n'existe pas et n'est pas pensable « au sens mondain », mais si elle n'est pas directement accessible, elle ne « se manifeste » pas moins dans notre vie ; voire, Patočka n'hésite pas à dire que c'est cette transcendance qui donne « sens et orientation » à notre vie [7]. La philosophie, dans la mesure où elle dépend essentiellement de cet acte, est contrainte de penser l'impensable, d'objectiver le non-objectivable. Le texte se clôt sur une caractérisation préalable des trois aspects de cette transcendance, évoquant la liberté qui « est tout ensemble *transcensus dans le monde* (d'une situation à une autre, d'une

1. *Ibid.*, fol. 5v ; trad. all., p. 45.
2. *Loc. cit.* ; trad. all., p. 46.
3. *Ibid.*, fol. 6r ; trad. all., *loc. cit.*
4. *Ibid.*, fol. 5v ; trad. all., *loc. cit.*
5. *Ibid.*, fol. 5v-6r ; trad. all., *loc. cit.*
6. *Ibid.*, fol. 6r ; trad. all., *loc. cit.*
7. *Loc. cit.*

constellation donnée à une situation co-créée, dans le domaine de la création historique) en tant que *transcensus* du contenu du monde vers ce qui – en tant que fondement de la vérité, ne relevant pas de la juridiction de l'étant – à la fois le *forme* et le *dépasse* [1] ».

Revenons à notre question : la réduction phénoménologique est-elle pour Patočka le retour de l'Esprit à lui-même ? Le manuscrit intitulé « Critique de la philosophie phénoménologique de Husserl », qui reprend la comparaison entre Hegel et Husserl, abordant dans les dernières sections achevées une critique de l'idéalisme phénoménologique, donne ici quelques éléments de réponse. Nous avons déjà évoqué la prise de distance de Patočka par rapport à la description de l'*epokhê* comme une dé-limitation, un passage à l'infini. Tandis que ce passage est, pour le système hégélien, un moment nécessaire du dynamisme circulaire de l'univers, la phénoménologie maintient sa prétention à la rationalité absolue, en la modifiant toutefois profondément. Pour la phénoménologie, il n'y a pas de circularité, pas de passage continu du mondain au transcendantal : c'est le moment de discontinuité radicale, l'acte de liberté extrême mettant en suspens l'être mondain qui est la condition, la porte d'entrée du système phénoménologique de rationalité universelle. Or, Patočka cherche une condition de cet acte inconditionné, il insiste sur la question de ce qui déclenche la liberté à l'égard du monde, question qui l'amènera à une position « dialectique » opposée aussi bien à l'idéalisme hégélien qu'à celui de Husserl.

La conclusion qu'il tire de cette observation est, nous venons de le voir, que la liberté n'est pas un moment autonome de la conscience. La conscience ne peut plus être principe souverain : « Il apparaît qu'au lieu d'une puissance absolue – qui donne sens et, dans ce cadre, existence aux choses, à l'univers de nos objets – notre être subjectif est derechef quelque chose de dépendant [2]... » La liberté de l'acte d'*epokhê* se révèle plutôt, « *cum grano*, l'émanation d'une source absolue [3] ». Il n'y a pas d'indépendance, ni à l'égard de l'étant, qui ne pourra plus être conçu comme l'intersection des intentionnalités, ni à l'égard du transcendantal, qui exerce sa force négative sur l'homme. Si l'esprit, « puissance formatrice », n'est pas la passivité d'une « instance dans le rien », celle-ci n'en constituera pas moins pour Patočka son trait essentiel.

1. « Kritika Husserlovy fenomenologické filosofie », fol. 9v ; trad. all., p. 51.
2. *Ibid.*, fol. 6v ; trad. all., p. 47.
3. *Loc. cit.*

Nous ne dépendons pas de l'objet – telle était l'une des déterminations de la non-finitude de la conscience formulées dans *Le monde naturel* de 1936. L'idéalisme phénoménologique que Patočka y défendait est caractérisé désormais, dans ce manuscrit postérieur d'une quinzaine d'années environ, comme « doctrine d'un être *libre*, qui ne dépend pas de l'objet et qui est compris comme *présupposé* et *fondement* de toute objectivité [1] ». C'est donc un idéalisme qui dépend de la conception de la liberté, ou plutôt de l'être ou du « pré-être » libre (note Patočka, reprenant « l'expression de certains phénoménologues »), « mais s'il n'y a aucun être ou "pré-être" dont les attributs incluent la liberté, aucun être qui serait la source absolue de tout le reste de l'étant, il faudra abandonner le projet de la phénoménologie comme *philosophia prima* » [2].

Ce que Patočka reproche à Husserl n'est pas d'insister sur la nécessité de l'*epokhê* que lui-même conçoit désormais comme « problème d'une transcendance à l'égard de tout étant », mais plutôt (critique qu'il reprendra avec bien plus de force encore dans les années 1970) de la concevoir comme « réduction à une certaine forme d'étant, s'agît-il de quelque chose de caché, d'inaccessible dans l'attitude "naïve", "naturelle" » [3]. Là où, dans les années 1930, il s'accordait avec Husserl et Fink pour reconnaître la nécessité de revenir en deçà de tout étant, à la vie transcendantale, Patočka voit à présent cette vie transcendantale comme un « palier définitif, *existant*, sur lequel repose tout l'édifice de l'être [4] » ; le résultat de la réduction demeure chez Husserl « quelque chose d'étant au sens de ce qui est objectivable, pourvu d'un contenu, positif [5] ».

Or, aucun étant, fût-ce l'étant sublimé qu'est le sujet transcendantal, ne peut « ni apparaître de lui-même, ni fonder l'apparaître, en être la condition de possibilité [6] ». « L'apparaître de l'étant – dit Patočka – n'est possible que pour un être fini, qui se tient au milieu de ce qui est, ayant pour destination de le transcender [7]. » Et de conclure :

1. *Ibid.*, fol. 8r ; trad. all., p. 49.
2. *Loc. cit.*
3. *Ibid.*, fol. 9r ; trad. all., p. 50.
4. *Ibid.*, fol. 8v ; trad. all., *loc. cit.*
5. *Ibid.*, fol. 9r ; trad. all., *loc. cit.*
6. EH, p. 95.
7. *Loc. cit.*

> Ce n'est donc pas le *Cogito* qui est la condition de la transcendance, comme le pense Husserl avec son concept de « réduction » transcendantale à la conscience pure ; au contraire, la transcendance de l'étant vers l'être, vers le radicalement non-étant, est la condition de possibilité de la conscience [1].

La négativité de l'esprit

Nous conclurons notre étude du développement de l'idée de l'esprit chez Patočka en revenant à la conception – généralisée à la lumière de l'analyse phénoménologique – qui fait surgir le moment spirituel de la conscience comme un opposant dialectique à l'objectivité. Nous retrouvons là le thème de la résistance introduit en 1936, dans la thèse d'habilitation, sous l'intitulé husserlien de « crise » de l'homme moderne. L'esprit est ce qui résiste aux choses, ce qui élève une protestation contre la réalité objective. « Cette protestation est d'une riche structure : elle est une protestation contre l'exclusivité de l'étant objectif », car le monde que je comprends « n'est pas tout – [...] il y a moi aussi, moi qui comprends et qui perçois, sans être encore objectivé à l'instant où je proteste ainsi [2]. » La protestation frappe non seulement les réalités présentes, mais l'objectivité comme telle. L'esprit est ce pouvoir négatif que Patočka qualifie d'« affection négative ».

L'esprit, qui apporte la négativité dans l'univers, frappe l'objet de sa propre négativité.

> L'affection négative se manifeste par là que, tout en posant l'univers des choses (et notre différence d'avec elles), nous ne pouvons croire et nous ne croyons pas y posséder nous-mêmes un être plein et véritable ; la force de la mise en suspens de l'étant, de la suspension de sa validité pour nous, dont se réclame la réduction phénoménologique, est à l'œuvre déjà de façon préthéorique et préphilosophique dans certains phénomènes [3]...

L'*epokhê* phénoménologique, la suspension de la croyance naturelle en l'extériorité, la plénitude, l'autonomie de l'étant, n'est qu'une explicitation de « certaines expériences fondamentales », données dans la vie « sous une forme implicite, émotionnelle, immédiate » [4].

1. EH, p. 97.
2. *Loc. cit.*
3. *Loc. cit.*
4. *Ibid.*, p. 130.

Dans la résistance des choses, la nausée, l'ennui, l'absence subite de toute finalité, dans ces « vécus liés au mouvement qui se dirige du centre [...] vers la périphérie[1] » se phénoménalise, selon Patočka, l'affection négative qui révèle l'objectivité dans sa différence d'avec l'être « vrai ». Le vide s'ouvre ici de l'intérieur, l'indifférence mortelle des choses est liée à la négativité comme trait essentiel de l'esprit lui-même. Autre expérience : l'amertume qui se mêle à la jouissance éprouvée au sein de l'immensité de la nature, au spectacle de la richesse inépuisable de l'étant naturel. « Au terme du regard qui attire, c'est l'abîme qui aspire[2]. »

La suspension de la croyance n'annule aucunement la finitude, la dépendance essentielle de l'esprit à l'égard de la donation du monde dans « l'indifférence de [son] extériorité absolue[3] ». La protestation de l'esprit atteste la suprématie de l'étant au sein duquel il est toujours situé. Son affection négative ne médiatise, entre les deux pôles de la différence de l'être et de l'étant, aucun contenu, mais uniquement la différence elle-même :

> Il nous incombe – à nous qui, par notre être, par toute notre structure fondamentale, tendons à outrepasser les limites [de l'étant] – d'assumer ce que [son] indifférence néglige, afin de suppléer, par notre vie, son manque essentiel : en nous les choses viennent à « soi », à un centre vivant, ce n'est qu'en nous que leur indifférence devient un acte, un vécu[4].

Le caractère conscient de toute transcendance n'implique pas pour autant que cette transcendance soit comprise et réalisée comme une tâche à accomplir. La conscience qui transcende toute actualité objective se trouve encore placée devant deux possibilités. Elle peut se tourner vers ce qui est déjà donné autrement que dans l'actualité – « l'instinct, la tradition, l'habitude, la routine[5] » sont autant de manières d'oublier la négativité douloureuse de l'être-au-monde. Ou bien :

> La conscience se tourne vers ce qui n'est pas encore et constate qu'il n'y a aucun but *donné*, tant que ce n'est pas elle-même qui en décide, que même les fins et les fonctions de la vie qui passent pour astreignantes et imposées sont, tacitement et dans le secret, par sa grâce. Elle se convainc

1. *Ibid.*, p. 135.
2. *Ibid.*, p. 138.
3. *Ibid.*, p. 135.
4. *Loc. cit.*
5. Cf. *ibid.*, p. 141.

que c'est ici précisément qu'elle doit transcender, qu'il n'y a pas pour elle de chemin positif tracé d'avance [1].

L'acte de transcendance de l'esprit humain, encore une fois, n'est pas la médiation de l'absolu par la connaissance finie, qui par là même deviendrait infinie et se résoudrait finalement avec son objet dans l'identité dialectique du Même et de l'Autre. La dialectique dont parle Patočka n'a pas cette finalité, elle désigne la structure de l'événement qui fait surgir, toujours de nouveau, l'esprit qui n'a pas de chemin prétracé par le transcendantal. Il émerge là où l'homme se retrouve justement nulle part, exposé au rien. Pourtant l'esprit, nous l'avons vu, est pour Patočka une puissance positive : la protestation contre ce qui est fait, donné, achevé a pour la vie une signification positive. « Il n'y a pas ici de modèle positif, mais ce manque même sera le présupposé d'une positivité nouvelle [2]. » Patočka, répondant à la philosophie négative de l'existence qu'il critique dans ce texte [3], dit explicitement :

> En transcendant au-delà de l'objet, au-delà de tout ce qui est donné une fois pour toutes, celui qui transcende vise la positivité vraie, « l'être vrai ». [...] L'être qui émerge ainsi est le nôtre [4]...

Tel est le sens que prend pour Patočka, au début des années 1950, l'esprit qu'il définissait provisoirement en 1935, dans la conférence « L'esprit et les deux couches fondamentales de l'intentionnalité », comme « puissance formatrice, qui affecte la vie individuelle dans sa totalité [5] ».

1. EH, p. 141.

2. *Ibid.*, p. 142.

3. Pour les existentialistes négatifs, « l'homme n'est rien de plus qu'une question, ou plutôt il est ce qui sous-tend toute question [...] Certes, il est, selon ces penseurs, libre (voire monstrueusement libre, sans limites et sans appui). En revanche, il est dépourvu de tout contenu intérieur propre [...] Cela dit, si la décision résolue vient couper court à nos velléités, [...] nous n'y gagnons pourtant aucune nécessité positive, aucun *oui*, mais seulement un *non* fondamental. L'homme résolu de Heidegger qui, passé par l'angoisse, assume sa possibilité la plus propre, demeure aussi essentiellement négatif que jamais – pouvant se rétracter n'importe quand, avec la conscience de son absolu pouvoir arbitraire –, alors même qu'il refuse tout l'inessentiel et crée sa propre essentialité, ce qui vaut qu'il s'y sacrifie... » (*ibid.*, p. 119-120). Sartre ne représente qu'une simplification, « une *reductio ad absurdum* » de la philosophie existentielle négative qui tient les déterminations négatives de l'être humain pour « exclusives, essentielles, définitives » (*ibid.*, p. 121).

4. *Ibid.*, p. 142.

5. Voir *supra*, p. 24, note 2.

CHAPITRE II

CORPS, CORPS PROPRE ET AFFECTIVITÉ
L'APPARITION DU MONDE ET LE MOUVEMENT DU CORPS VIVANT

La grande préoccupation de Jan Patočka dans ses travaux phénoménologiques est l'élucidation du mode d'être originaire de l'homme au monde. Le monde naturel se présente ainsi d'emblée en tant que thème central au premier plan de ses réflexions systématiques. C'est un trait caractéristique de sa philosophie, en cela profondément influencée par Edmund Husserl. Mais cette grande préoccupation porte également une autre empreinte, qui définit, à côté du thème du monde naturel, un second foyer systématique : la réflexion sur l'*historicité* de l'existence humaine. Le monde naturel *et* l'histoire, considérée du point de vue de l'historicité de l'existence humaine, sont deux ou plutôt *les* deux grands thèmes de la pensée de Patočka, entretenant l'un avec l'autre une relation de tension caractéristique de toute son œuvre, tels – pour reprendre l'expression de Paul Ricœur – les deux foyers d'une ellipse[1]. La tension entre ces deux centres de gravité correspond d'une part, en gros, à celle qui sépare et unit les points de départ méthodiques de Husserl et de Heidegger, auxquels Patočka recourra toujours à nouveau dans ses écrits systématiques. D'autre part, faisant abstraction du contexte étroit de la phénoménologie, c'est aussi, dans un certain sens, une tension entre l'infini et le fini qui marque sa pensée.

1. P. Ricœur, « De la philosophie du monde naturel à la philosophie de l'histoire » (1997), *Studia phaenomenologica*, n° 7 (2007), p. 193-200.

La lecture philosophique du corps et de la corporéité humaine, problème qui joue un rôle important dans l'œuvre de Patočka et qui nous intéressera plus particulièrement ici, se place dans le cadre et sous le signe de cette tension. L'homme est un être « du » monde, et le corps a une importance fondamentale pour le rapport de l'homme au monde. Pourtant, le rapport corporel de la vie au monde n'est pas tout, car l'existence est davantage qu'un entrelacs charnel harmonieux avec le monde naturel, autre chose encore que l'appartenance du vivant au monde. Si nous esquissons en gros les pôles d'un champ de tension pour situer le thème de la corporéité, le corps a certainement plus à voir avec la naturéité et la mondanéité de la vie qu'avec l'historicité, soit, encore une fois *grosso modo*, plus à voir avec la vie qui est peut-être en soi anhistorique qu'avec l'auto-interprétation questionnante, problématisante (que Patočka désigne aussi comme « esprit »). Notre thèse, et la raison pour laquelle nous mettons en avant cette relation, est que, manifestement, la corporéité et l'historicité (de l'existence en tant que libre, c'est-à-dire, en termes patočkiens, de l'esprit) ne sont pourtant pas considérées comme des moments de l'existence indépendants l'un de l'autre. La conception du corps est déterminée historiquement, et donc le vécu de la corporéité propre aussi est toujours historique, marqué par une interprétation déterminée. Mais l'historicité de l'être de l'homme, telle que Patočka, suivant Heidegger, la comprend, signifie qu'on prend en vue le temps dans sa finitude, et qu'on prend à l'égard des tendances de la vie nue une certaine distance dans laquelle on sait aussi se maintenir ; par conséquent, la vue spirituelle (*Einsicht*) s'impose dans le corps vivant, dans un certain sens, contre la vie déterminée corporellement. De là, une tension qui se joue dans le corps de chair, pour autant que la néantité est éprouvée charnellement, et qui s'exprime aussi dans les réflexions philosophiques qui pensent l'être authentique en l'opposant à la vie nue, ébranlée de part en part dans son autonomie par l'expérience de la négativité [1].

Nous voudrions essayer, dans notre exposé des considérations de Patočka sur le corps propre et la corporéité de l'homme, de distinguer les différents plans de réflexion dans lesquels le corps, le corps propre et l'affectivité marquent des fonctions essentielles de l'existence humaine. Il ne s'agit pas tellement pour Patočka de conserver les oppositions traditionnelles du corps et de l'esprit, de l'incarnation et de la liberté. En concevant l'existence humaine comme l'unité d'un triple mouvement,

1. Voir aussi *infra*, deuxième partie, chapitre VI.

dont les moments peuvent s'opposer les uns aux autres (comme nous tenterons de le montrer en détail dans ce qui suit), il veut expliquer la dynamique interne de l'existence par un autre rapport de tension, une tension nouvelle. Par l'accent fort et clair qu'il met sur le caractère primordial et irréductible du premier mouvement de la vie, Patočka ne conserve pas simplement le rapport du corps (ou de la chair) et de l'esprit, mais bien plutôt donne à ce rapport, à partir des années 1960, une articulation nouvelle, l'intègre dans une constellation nouvelle.

Cette constellation est « nouvelle » au regard des éléments « anciens » de sa philosophie, de ceux qui ont formé et divisé la pensée de Patočka depuis les années 1930 : le moment « existentialiste » de la liberté (par l'ébranlement du sens), d'une part, lié à une certaine lecture de Kierkegaard et du premier Heidegger (ainsi que d'auteurs apparentés), et le moment transcendantal-phénoménologique de l'éclaircissement de la donation du monde, d'autre part. Le cadre dans lequel la constellation nouvelle vient à l'expression apporte, essentiellement, une revalorisation particulière du concept de « mouvement », vers laquelle Patočka se fraie un chemin depuis les années 1950. Ainsi, dans son projet philosophique autonome à partir des années 1960, ce n'est pas seulement l'*existence* qui est conçue comme une unité de mouvements (unité qui s'articule en mouvements d'insertion dans le monde et mouvements vers le monde en tant que tout, et qui est aussi toujours à la fois mouvement vers soi), mais encore *l'être du monde comme tel*, le devenir de l'étant, sa manifestation à partir du fond du monde, qui est compris comme un mouvement. Dans ce contexte, Patočka utilise un concept général de mouvement qu'il a découvert dans les années 1950 dans le cadre de son étude historique d'Aristote [1] et qu'il introduit ensuite, à partir des années 1960, dans ses travaux systématiques. Il s'agit du mouvement comme possibilité qui se réalise ; et cela, non pas à même un substrat déjà existant, car l'étant n'est constitué que par ce mouvement. De même, la constitution n'a pas lieu dans la conscience, mais dans le champ d'apparition du monde, pour le corps propre en tant que seul sujet qui puisse réaliser une possibilité. Ce corps propre, en tant que sujet d'un mouvement, est en même temps constitué par un tel mouvement [2] dans le champ phénoménal où il est, en tant que corps physique, soumis aux mêmes conditions que tous les autres étants mondains. Le mouvement est ainsi

1. Cf. J. Patočka, *Aristoteles, jeho předchůdci a dědicové*, Prague, NČAV, 1964 ; voir la traduction française d'E. Abrams, *Aristote, ses devanciers, ses successeurs*, Paris, Vrin, 2011.

2. Thèse soutenue par Renaud Barbaras dans *Le mouvement de l'existence*.

un concept général, utilisé dans plusieurs contextes. Partant de ce nouveau concept de mouvement, Patočka, dans ses écrits tardifs, revient à son vieux thème du monde naturel en considérant aussi la corporéité et l'incarnation de l'être-au-monde humain à partir de ce fondement nouveau.

LE CORPS PHYSIQUE

Le premier élément de la constellation nouvelle dans laquelle se pose désormais le problème du corps, c'est le monde. Chaque perception, chaque vécu en général présuppose une totalité, « dont les choses ressortent pour se révéler à nous et dans laquelle elles se retirent à nouveau », « un tout préalable », « quelque chose d'originaire »[1]. Les formulations de ce genre deviendront une constante chez Patočka. Partons donc tout d'abord du premier texte qu'il ait publié sur la philosophie du mouvement, un bref essai de 1965, intitulé « Notes sur la préhistoire de la science du mouvement : le monde, la terre, le ciel et le mouvement de la vie humaine ».

La vie humaine est une vie dans un tout préalable, phénoménologiquement originaire en tant qu'il a son propre mode de donation, qui ne se laisse reconduire à aucun autre mode de donnée. Le monde est, d'une certaine manière, prédonné en tant que premier, car c'est lui qui, dans un sens, porte la vie. Comme l'*Urdoxa* chez Husserl, l'*Urglaube*, la croyance originaire en l'existence du monde, porte les expériences et les vécus singuliers. Selon Patočka, si la totalité n'est pas à trouver dans les vécus par l'analyse, à l'instar de leur contenu sensible, elle n'en est pas moins, dans sa considération phénoménologique, « accessible aux sens ». Pour mieux mettre en relief son caractère originel, Patočka parle de ce rapport fondamental à la totalité comme d'« un mystère de l'évidence » au sens de ce qui va de soi :

> Et il ne faudrait pas perdre de vue que le simple fait de la présence non sensible de ce qui est accessible aux sens est une source d'émerveillement propre à donner le vertige, quelque chose qui ouvre la porte d'un mystère de l'évidence dont nous n'avons pas conscience dans la mesure où nous ne faisons pour ainsi dire qu'un avec lui – c'est en lui que nous

1. J. Patočka, « K prehistorii vědy o pohybu : svět, země, nebe a pohyb lidského života », *Tvář*, 1965, n° 2, p. 1-5 ; repris dans FS-II, p. 192-201 ; trad. fr. « Notes sur la préhistoire de la science du mouvement : le monde, la terre, le ciel et le mouvement de la vie humaine », MNMEH, p. 5.

> nous mouvons, que nous vivons et que nous sommes. La vie humaine est donc caractérisée par une totalité préalable [1].

Notre rencontre avec le singulier dans le monde, avec ce qui « émerge et sombre dans l'horizon total, [...] ce qui se manifeste en lui, sur son fond [2] », est caractérisée ici comme mouvement. La vie de l'homme est ainsi conçue comme « le mouvement d'un être "du" monde qui, dans la spécificité de son existence, n'est pas quelque chose de simplement donné, comme l'est la pierre, la plante et sans doute aussi l'animal, mais qui ne peut jamais rien accomplir de spécifiquement humain sans se rapporter – tacitement ou explicitement – à la totalité préalable [3] ».

Qu'a-t-il à voir avec le corps de l'homme, ce mystère du rapport à la totalité qui n'est pas contenue dans les vécus intentionnels singuliers, tout portés qu'ils sont par ce rapport ? Premièrement, le corps est ce qui, dans tout ce que l'homme fait et tout ce qu'il subit, porte cette activité et passivité. La vie est, par ailleurs, à concevoir comme mouvement et être-mû, et là les deux premières descriptions se recoupent, car le mouvement de la vie est « dans ses composantes les plus frappantes mouvement corporel [4] ». Ainsi, si l'être vivant a, par exemple, un contact perceptif avec les choses, c'est uniquement grâce au fait, à la condition factuelle d'être lui-même un mouvement du corps parmi les choses. Ce n'est là qu'*une* première condition élémentaire. Pour proposer une phénoménologie de ce contact, il faudrait aussi prendre en vue d'autres connexions, que Patočka n'évoque ici que très brièvement :

> Ce contact n'est jamais une réflexion passive des objets, mais bien la réponse à un moi qui s'oriente activement et à qui cette activité est rendue possible par le pouvoir sur le corps dont tout sujet a immédiatement conscience [5].

Nous y reviendrons plus loin. Ce qui nous intéresse pour l'instant, c'est de caractériser le *corps physique* dans le mouvement de la vie, considérée par rapport à la totalité. Comment le corps, dans son caractère de mouvement corporel, est-il rapporté non seulement à l'intramondain singulier, mais à la totalité ?

1. *Ibid.*, p. 5.
2. *Loc. cit.*
3. *Ibid.*, p. 5-6 (trad. mod.).
4. *Ibid.*, p. 6.
5. *Loc. cit.* (trad. mod.).

Patočka renvoie ici à la terre en tant que repère inconditionné du mouvement du corps. La terre est « avant tout un appui solide, le substrat de tout mouvement, aussi bien le nôtre que celui des autres choses[1] ». Elle se révèle ainsi comme puissance qui règne « sur les éléments et les choses, sur les choses vivantes comme sur celles qui sont privées de vie[2] ». Elle règne « sur la vie et la mort », elle n'est pas seulement celle qui soutient et qui porte la vie comme mouvement du corps vivant, mais encore « terre nourricière »[3].

On peut voir, dans ces aspects du règne de la terre, un mode concret de la fusion non intuitive avec le tout dont il était question plus haut :

> La corporéité du mouvement de notre vie se montre entre autres par ceci que le sens, le but évidemment (« instinctivement ») donné du mouvement vital, fragmenté entre les différents mouvements-fonctions du corps, c'est la vie corporelle elle-même, sa reproduction, sa continuation individuelle. Dans le monde corporel, la terre nourricière règne d'une manière évidente par ce qu'elle prépare, par ce qu'elle rend possible ou impossible, de telle sorte que nous en sommes nous-mêmes pénétrés – nous-mêmes en sommes, abstraitement parlant, une partie et une modification[4].

Le rapport non explicite du corps physique à la terre est un moment de la « préfiguration globale[5] » du rapport au monde qui marque la vie humaine comme vie se réalisant dans le mouvement incarné. Par le corps, la vie humaine est rapportée concrètement au tout du fait que la terre est le fondement inconditionné de tout mouvement corporel, du fait qu'elle le porte et y règne de part en part, et qu'elle fournit en outre les éléments dont la vie s'alimente, par lesquels elle se maintient, et avec lesquels le corps est en quelque sorte soudé par-delà les limites de la naissance et de la mort. Ce dernier point de vue, qualifié d'« abstrait », qui ferait entrer en ligne de compte une appartenance matérielle du corps à la terre et au cosmos physique, n'est pas développé ici (ni ailleurs) par Patočka. Il est dit « abstrait » sans doute parce qu'il fait abstraction de la signification que le cosmos et la terre auraient dans la vie, ce qui est la perspective habituelle du phénoménologue : ne pas constater de l'extérieur la dépendance à l'égard du monde, mais mettre

1. « Notes sur la préhistoire de la science du mouvement…», MNMEH, p. 7.
2. *Loc. cit.*
3. *Loc. cit.*
4. *Loc. cit.*
5. *Ibid.*, p. 8.

en évidence le rapport au monde dans le vécu même. La tâche de la phénoménologie étant définie ainsi, il semble artificiel de séparer le corps physique et le corps propre, car le vivre, le rapport vécu au monde, ne peut être attribué qu'au corps propre. Le corps vivant et vécu, c'est le corps de chair, le corps propre. Et, dans la phénoménologie classique de Husserl, tout rapport au monde est même institué, toujours, dans et par la conscience intentionnelle. Le corps physique et l'étant mondain en général y sont donnés par des unités de sens constituantes qui ont leur point de départ dans le corps propre. Cela n'empêchera pas Patočka, qui sur certains points abandonne la perspective de la phénoménologie classique, de livrer un témoignage phénoménologique du rapport de dépendance du corps physique à l'égard de la terre. Nous venons d'en donner un exemple [1] (et l'on sait aussi que Husserl a écrit sur la terre qui – pour notre vécu – « ne se meut pas »).

D'autre part, dans d'autres textes (postérieurs) et d'autres contextes, Patočka se penche aussi sur le lien entre le mouvement du corps de l'homme et le mouvement à travers lequel chaque corps et chaque étant au monde s'individue afin de pouvoir apparaître. Renaud Barbaras parle à ce sujet d'un proto-mouvement « physique » par lequel chaque étant s'individue dans la *phusis* même [2]. Cette idée de l'individuation de tout étant dans le tout du monde, qui, en tant que *phusis*, est encore distingué du monde humain, apparaît pour la première fois, dans les textes publiés, en 1969, dans la postface à la deuxième édition du *Monde naturel comme problème philosophique*, dans un passage traitant de Fink [3], puis, bien sûr, dans les textes où Patočka engage la discussion

1. On trouve une trace plus ancienne de cette vision dans un cahier manuscrit du début des années 1940 intitulé « Études pour le concept de monde I » (Studie k pojmu světa I), Archives Patočka, n° 3000/202, chapitre XII, p. 23-24 : « Lorsque je soulève, pose, déplace, tiens, lorsque moi-même je monte, descends, vais et viens, me fraie un chemin, me tiens debout ou assis, m'allonge, dans tous ces actes je suis aux prises avec la puissance originaire de la terre. Je suis "aux prises" avec elle : j'éprouve le pouvoir de cette totalité surpuissante, dominante, qui maintient tout, avant tout comme soutien bienfaisant, puis comme pesanteur et obstacle, puis encore comme ce que je dois économiser et dont je dois vivre, ce dans quoi est contenue toute la possibilité de notre vie, enfin comme la surpuissance incontrôlable, colossale, menaçante de la "morte" matière solide. »

2. R. Barbaras, *Le mouvement de l'existence*, p. 61-112 et surtout 105-106.

3. « Méditation sur *Le monde naturel comme problème philosophique* », MNMEH, p. 99-101.

avec la philosophie finkéenne, notamment dans l'essai « Le tout du monde et le monde de l'homme », publié en 1972 [1].

Avant de nous sentir comme un corps, de prendre physiquement appui sur la terre, nous devons déjà exister physiquement en tant que corps, c'est-à-dire en tant que corps séparé des autres, individué. Cette connexion aussi est prise en considération par Patočka, elle aussi concerne l'homme en tant qu'être « du » monde, car le cadre dans lequel l'individuation advient ne peut être autre que le monde, ce même monde qui vient à l'apparaître en tant que nature. C'est pourquoi on parle d'un proto-mouvement ou *Urbewegung* physique. Pourtant, la perspective dans laquelle l'individuation est prise en vue est bien phénoménologique. Le fait que les corps s'individuent les uns par rapport aux autres dans un certain cadre, en existant séparés les uns des autres, est abordé à partir d'un certain mode d'apparition, dans une perspective phénoménologique, où les corps peuvent être considérés comme se détachant d'un fond commun. En effet, que deux corps se différencient par leur position dans l'espace, cela ne peut pas constituer le dernier mot pour un phénoménologue, qui recherche l'explication originaire des faits [2]. L'individuation dans l'espace et dans le temps n'est pas une conséquence qui vient après la constitution du phénomène du corps dans la conscience, dans la perspective centrale du sujet incarné. Au contraire, elle précède cette perspective. Cette singulière perspective pré-subjective peut être mentionnée ici, à ce stade de notre exposé, dans la mesure où elle aussi concerne le corps dans un rapport originaire à la totalité. Mais le chemin phénoménologique conduisant à ce constat, qui pourrait être fait naturellement, n'est pas aussi direct qu'il apparaît dans l'attitude naturelle. Nous y reviendrons donc, en abordant l'analyse

1. J. Patočka, « Weltganzes und Menschenwelt. Bemerkungen zu einem zeitgenössischen kosmologischen Ansatz », dans W. Beierwaltes et W. Schrader (dir.), *Weltaspekte der Philosophie*, Amsterdam, Rodopi, 1972, p. 243-250; repris dans BME, p. 257-264; traduit dans MNMEH, p. 265-272.

2. Voir par exemple la note suivante d'un manuscrit de travail intitulé « En marge du "Tout du monde et le monde de l'homme" » : « L'apparaître comme sortie hors du fondement obscur; qu'il y a ici un mouvement de l'apparaître, un proto-mouvement, c'est ce qu'atteste *per analogiam* l'étude de l'apparition secondaire, de l'apparition de l'apparaissant qui présuppose une création de centres, la constitution d'une centralité : le mouvement de transcendance crée ici un "monde propre", monde ambiant… De même, il doit y avoir quelque chose comme un mouvement par lequel le cœur du monde constitue son contenu contingent et dont l'espace-temps-qualité en totalité est un sédiment. » J. Patočka, *Papiers phénoménologiques* (ci-après PP), Grenoble, Millon, 1995, p. 157; trad. E. Abrams.

phénoménologique de la corrélation entre le sujet incarné comme centre de perspectives et son monde environnant.

Il faut prendre en compte l'attitude d'ensemble du mouvement de la vie dans le cadre duquel se produit le contact sensible singulier. Tandis que l'attachement à une chose, telle ou telle, correspond au cycle fermé de la satisfaction des besoins du corps biologique, où la totalité aussi (la terre et le ciel) fournit seulement des moyens en vue de cette fin, le tout lui-même peut également interpeller l'homme dans le contact sensible, plus précisément là où notre attitude est ouverte à cela. L'ouverture survient dans le vivre du corps propre, dans la dimension de profondeur de l'affectivité, thème que nous traiterons en dernier. Nous voudrions d'abord évoquer une autre connexion, dans laquelle le corps subjectif est pris en vue en tant que mouvement en corrélation avec le monde.

Le corps propre

À partir des années 1960, Patočka défend expressément une position qui regarde le corps propre, non pas comme quelque chose qui relèverait de l'*ego* selon un rapport de concomitance ou de coordination, ou encore à la manière de deux processus objectifs parallèles et correspondants [1], mais comme identique au subjectif dans l'expérience du monde. Nous voulons maintenant suivre la manière dont cette thèse est phénoménologiquement développée et fondée en partant du texte d'une conférence donnée par Patočka le 6 février 1968, à l'invitation d'Eugen Fink, dans le cadre du « Studium generale » de l'université de Fribourg.

Dans un des passages centraux des deux fragments manuscrits qui se sont conservés, Patočka décrit ainsi, de son point de vue phénoménologique, le rapport de l'*ego* au corps propre dans le cadre du rapport au monde médiatisé par les sens :

> Le subjectif est une formation active, donatrice de sens, qui n'est pas causalement produite dans une objectivité que force nous serait d'accepter, mais *motivée*. Il y a là un flux d'activité donatrice de sens [...] où le subjectif et le corporel ont si bien prise l'un sur l'autre (*ineinandergreifen*) que le subjectif est toujours incarné et la corporéité aussi subjective. La subjectivité est précisément un corps propre assumé, qui va au-devant toujours d'une nouvelle formation et donation de

1. Cf. « Phénoménologie et métaphysique du mouvement », PP, p. 16.

> sens. [...] Le corps en tant que sujet – ce paradoxe est pourtant un phénomène, sans lequel on ne pourrait jamais comprendre la vision, l'audition, la perception en général, pas davantage que l'action humaine. [...] On pourrait donc dire : le fondement des synthèses d'expérience n'est pas un moi transcendantal, mais la subjectivité incarnée. Nous ne sommes pas originellement insérés dans le monde par nos effectuations de pensée, mais par le corps propre, plus précisément en tant que corps subjectif qui ne se résorbe jamais dans la réflexion [1].

Pour Patočka, il y a donc bien une constitution du sens dans l'expérience, une « formation donatrice de sens » dans les synthèses d'expérience ; toutefois, le fondement n'en est pas un *ego* transcendantal, mais plutôt le corps propre. Non pas le corps comme objet, mais un corps subjectif, c'est-à-dire le corps propre, qui entend, voit, perçoit, agit et se vit comme sujet de son voir, de son percevoir, de son entendre et de son agir en se rapportant aux objets. À la question de savoir comment cela est à comprendre, la suite du texte apporte aussitôt une réponse indirecte :

> C'est lui qui opère les synthèses d'expérience, avant tout en vertu de sa faculté de mouvement propre. Le pouvoir-se-mouvoir est inséparable de ses effectuations objectivantes, car c'est cette faculté motrice qui lui donne la liberté pour les choses, la possibilité de voir au travers, au-delà des limites de sa situation et de sa posture momentanées, de vivre dans des perspectives sans pour autant s'y dissoudre – de se ménager ainsi, par son mouvement, une certaine stabilité [2].

La kinesthèse semble être le mode d'« auto-expérience » qui renvoie au corps propre comme corps subjectif, lequel est une faculté d'automotricité. Dans ce contexte, la conclusion du premier passage cité est importante : c'est par le corps propre que nous sommes insérés dans le monde, par le corps qui est subjectif en tant qu'il se vit soi-même, mais « ne se résorbe jamais dans la réflexion [3] ».

Le moi n'est pas *a priori* là d'avance ou toujours déjà, comme le moi pur des actes vécus dans lesquels et dans les horizons desquels – horizons prédonnés dans la conscience de manière latente – les possibilités de l'action incarnée sont d'abord esquissées ou pré-posées (*vor-gestellt*), pour être réalisées dans les limitations factuelles que comporte le corps de chair. Le subjectif n'est là pour lui-même que dans le mouvement

1. « Phénoménologie et métaphysique du mouvement », PP, p. 16-17.
2. *Ibid.*, p. 17.
3. *Loc. cit.*

incarné de réalisation d'une possibilité, et la possibilité mondaine même n'est ouverte, d'autre part, que pour ce mouvement[1]. Ce mouvement subjectif, tel qu'il entre dans la constitution de la formation de sens, semble être ainsi, aux yeux de Patočka, un véritable donné phénoménologique dont les conditions implicites peuvent faire l'objet d'un questionnement.

La méthode phénoménologique diffère ici de celle de Husserl. Si « nous ne sommes pas originellement insérés dans le monde par nos effectuations de pensée, mais par le corps propre, plus précisément en tant que corps-sujet, qui ne se résorbe jamais dans la réflexion », il faudra dépasser la méthode de la philosophie de la réflexion. Le corps propre qui, à travers le mouvement subjectif, se phénoménalise avec ses corrélats, les possibilités d'action, n'est pas saisissable réflexivement, alors que chez Husserl, c'est grâce à de l'égologique (*Ichlichkeiten*) que le corps est mon corps subjectif, grâce, en définitive, à « l'intuition originaire », qui se rapporte à mes vécus[2]. C'est n'est qu'ainsi que mon corps propre est réflexivement saisissable, du moins dans les limites de mon vécu. Pour Patočka, en revanche, le mouvement subjectif dans son origine ne peut être appréhendé réflexivement. Pourtant, le phénomène donné dans et par ce mouvement renvoie à deux éléments qui, tout en échappant à la phénoménalisation et, partant, à la saisie intuitive, n'en doivent pas moins être présupposés :

> Le mouvement subjectif semble ainsi présupposer deux éléments : un déterminant, un sujet qui vit dans des possibilités, en fait le projet, y effectue un choix afin de se déterminer soi-même, c'est-à-dire de

1. Voir, par exemple, le passage du texte de 1965 cité *supra* (MNMEH, p. 6) qui présentait la réalisation de la possibilité comme « la réponse à un moi qui s'oriente activement et à qui cette activité est rendue possible par le pouvoir sur le corps dont tout sujet a immédiatement conscience ».

2. Pourquoi Husserl ne peut-il en rester au « je me meus » corporel subjectif comme fondement (fini, car l'un de plusieurs) de la subjectivité ? On trouve une réponse au § 54 des *Ideen II* : le corps propre n'est de l'égologique, n'est subjectif en ce sens éminent, « que par la grâce d'un égologique originaire » (Husserliana VI, p. 212-213 ; *Recherches phénoménologiques pour la constitution*, Paris, P.U.F., 1982, p. 296 [trad. É. Escoubas]). Le corps serait subjectif « par la grâce de l'*ego* (ou encore de l'intuition originaire égologique) » (*ibid.*, p. 213 ; trad. fr., p. 297). « De même ce corps lui aussi est *mon* corps, et j'entends bien : mon corps au sens particulier de ce qui peut être ressenti, parce que "je" suis déjà et je lui confère, d'une certaine manière, les qualités particulières dont je parle [...] Aussi cette qualité est-elle par la grâce de l'*ego* » (*loc. cit.* ; trad. fr., p. 296-297). « Du donné dans l'attitude intérieure, *il ne reste donc, au titre du subjectif au sens originaire et propre du terme, que le sujet de l'intentionnalité*, le sujet des actes » (*ibid.*, p. 215 ; trad. fr., p. 299).

> modifier son état; et une correspondance dans le monde, au sein de l'étant, quelque chose qui s'accorde avec et obéit à la libre détermination du sujet. Aucun des deux ne peut être réduit à l'autre ou interprétativement escamoté [1].

Mais ce qui semble préoccuper Patočka au premier chef dans cette conférence de février 1968, c'est le rôle constitutif du mouvement subjectif du corps propre, rôle constitutif qui ne semble guère fondé sur l'apparaître « pré-subjectif » du monde. Ce texte met l'accent bien plutôt sur le caractère subjectif de la corrélation, au contraire de l'asubjectivité de la phénoménalisation du monde que la phénoménologie de Patočka s'appliquera, quelques mois plus tard, à mettre en relief, suivant sur les brisées de la conception radicale d'Eugen Fink [2]. Face à la radicalisation finkéenne, qui sépare l'apparaître intentionnel dans la conscience (incarnée) de la venue au jour des choses mêmes, et cela dans le sens d'une indépendance de ce dernier mode d'apparaître par rapport au premier, Patočka semble accentuer l'idée de l'ajointement en vertu duquel l'apparaître n'est qu'un [3]. L'« ajointement » du non-apparaissant à la subjectivité incarnée est le fondement d'un apparaître dont nous pouvons partir pour remonter à ses conditions et les reconstituer. Le manuscrit conservé de la conférence de Fribourg, « Phénoménologie et métaphysique du

1. « Phénoménologie et métaphysique du mouvement », PP, p. 26.

2. Voir QPh, p. 189-302. Les textes allemands originaux (notamment « Der Subjektivismus der Husserlschen und die Möglichkeit einer "asubjektiven" Phänomenologie », publié initialement dans R. Berlinger et E. Fink [dir.], *Philosophische Perspektiven*, Francfort, Klostermann, vol. II, 1970, p. 317-334, et « Der Subjektivismus der Husserlschen und die Forderung einer asubjektiven Phänomenologie », publié dans le recueil *Sborník prací filosofické fakulty brněnské university*, 19-20 [1971], série Uměno-vědná [F], n° 14-15, p. 11-26) peuvent être consultés dans BME, p. 267-309 et 415-452; voir aussi les manuscrits de travail correspondants dans *Vom Erscheinen...*, p. 116 et suiv., traduits dans PP, deuxième partie, p. 161 et suiv. À notre avis, la question du rapport entre le « mouvement subjectif » de la constitution, ou de la formation de sens, dont parle la conférence de 1968, et le caractère « asubjectif » de l'apparaître comme tel, auquel Patočka consacre toute l'intensité de sa réflexion phénoménologique à partir de 1969, reste ouverte, même si, bien sûr, ces deux moments ne sont pas mutuellement exclusifs.

3. Patočka met en question l'« indépendance du monde à l'égard du moi » dans d'autres textes aussi, où il engage le débat avec Fink. Il semble de ce fait – en partant du fait de l'apparaître – relativiser pourtant la différence entre le monde humain et le tout du monde : « Le monde est censé être indépendant du moi, mais cette indépendance précisément n'est-elle pas ébranlée par le fait qu'il y ait apparition ? Le monde n'est pas dépendant du moi en ce sens que l'intramondain qui en relève en serait dépendant, mais parce qu'il apparaît – *l'apparition en tant que telle* n'est pas indépendante du moi. » (« Weltform der Erfahrung und Welterfahrung », dans *Vom Erscheinen...*, p. 114; trad. fr. « Forme-du-monde de l'expérience et expérience du monde », PP, p. 224).

mouvement », confirme en tout cas cette idée; Patočka y prend pour point de départ de son hypothèse – point de départ pouvant être légitimé au plan phénoménal – le rapport du corps propre au propre corps physique [1] :

> Nous n'avons conscience que de la docilité *graduée* du corps (*Körper*), jamais du mode de son fonctionnement, sans quoi nous devrions devenir pour nous-mêmes objet dans notre subjectivité incarnée. Pour cette raison précisément, il est probable qu'on ne peut au bout du compte que présupposer, sans jamais la ressaisir pleinement dans la conscience, une correspondance originaire, un ajointement à nous-mêmes de ce qui n'apparaît pas, son appropriement au subjectif. Avant toute objectivation, il doit y avoir dans l'étant même son adhésion (*Sich-Fügen*) à notre intention, à notre impulsion intentionnelle, et c'est seulement sur la base de cet accord que le monde se donne à nous aussi « objectivement » comme vis-à-vis, intuitionné. Cette concordance n'est jamais donnée dans l'intuition et son objectivation, mais chaque intuition, chaque objectivation, chaque acte humain s'accomplit sur son fondement, en est une expression [2].

Le concept central ici est celui d'« ajointement ». Avant la phénoménalisation dans le champ d'apparition, c'est-à-dire l'avancée des phénomènes hors du fond du tout du monde dans la lumière de l'intuition, il y a « un ajointement à nous-mêmes de ce qui n'apparaît pas ». Comme cet ajointement précède l'apparaître, il n'est pas lui-même donné phénoménalement. Il ne peut être constaté dans le vécu de façon réflexive, analytique; il doit donc être présupposé.

Un tel ajointement peut être rendu manifeste dans le rapport du corps propre au propre corps physique, car le corps physique (la main) se plie, s'ajointe, avant toute objectivation, à notre intention de saisir ceci ou cela. Cet « ajointement » se produit en deçà du champ phénoménal.

1. Patočka lui-même définit le statut de ses considérations comme hypothétique : « Point n'est besoin de pénétrer jusqu'aux racines ultimes de l'étant pour comprendre l'interaction de la chose et de la liberté, de la vie vivante et de son environnement. Il suffit pour cela d'élargir quelque peu ce que fait à tout instant apparaître le phénomène de notre explication continue avec notre environnement et, au bout du compte, avec le monde. Ceci est, bien sûr, une hypothèse, soit, en ce sens, une construction qui, en tant que telle, ne se recoupera jamais pleinement avec les phénomènes. Une hypothèse toutefois qui ne présuppose aucun élément inconnu, qui ne requiert rien qui ne puisse pas être légitimé, rien qui soit totalement inconnu, qui échappe donc à la sphère de notre expérience » (PP, p. 21). De là aussi le titre du texte, « Phénoménologie et *métaphysique* du mouvement », car Patočka propose une sorte de métaphysique tirée de sa phénoménologie alternative.

2. *Ibid.*, p. 26-27 (trad. mod.).

Le mouvement subjectif représente un tel ajointement de la chair vécue et du corps mû, s'agissant, non pas uniquement de mouvements « intentionnels », qui s'appuieraient d'ores et déjà sur l'objectivation, mais de « toute espèce de mouvement inséparable d'un sujet, dont le sens intime implique un sujet : les mouvements provoqués par la douleur, par exemple, ou encore ceux qu'on accomplit sous le coup de la surprise ou lorsqu'on se laisse aller à ses automatismes [1] ».

Ce que Patočka suit ici est autre chose que ce que Merleau-Ponty a en vue dans ses réflexions sur l'ajointement en tant que chiasme. Dans l'ajointement selon Patočka, corps vécu et corps physique ne font – du moins dans ce texte, rédigé à la fin de 1967 ou au tout début 1968 – qu'un : le sujet invisible mais vécu (mon corps propre) et l'objet visible (mon corps physique) coïncident. En effet, dans le cas normal du « pouvoir sur le corps propre », « un corporel (*Körperliches*) se soumet (*fügt sich*) – explique Patočka – à notre "je peux" ou à notre "je fais" subjectif [2] ».

D'un côté, il « s'accomplit » d'une certaine manière, dans le mouvement, un « saut dans l'être », en ce sens que notre « pouvoir sur le corps propre » n'est pas un simple épiphénomène, un vécu, mais le mouvement même dans sa réalisation mondaine. Le mouvement subjectif est ainsi « *ressenti comme* [...] un accomplissement, une réalisation », et, qui plus est, elle en « *est* effectivement » un [3] : son être, le *sum*, l'être du sujet est cet accomplissement. En ce sens, le corps propre (*Leib*) – à la différence du corps physique (*Körper*) – n'existe que dans le mouvement subjectif. On voit là derechef, très clairement, le point sur lequel Patočka veut se démarquer de Husserl : le « je fais » n'est pas un vécu pur et simple, mais d'ores et déjà une réalité vécue. Le *sum* incarné est un sujet qui ne se fonde pas sur le « moi » des actes au sens de « vécus », saisissable réflexivement, car l'agir du *sum* est l'agir d'un corps de chair, ce sont des mouvements dont le moteur, le sujet, n'est pas un pur *ego*, mais, au contraire, précisément le corps propre. Or, le corps propre est dépendant du corps physique, et il ressent aussi cette dépendance.

Le mouvement subjectif est la réalisation d'un acte, il est une manière d'être. On le sait, Patočka propose ailleurs de concevoir l'être de l'étant en général comme mouvement, au sens de la possibilité qui se réalise

1. « Phénoménologie et métaphysique du mouvement », PP, p. 17.
2. *Ibid.*, p. 18.
3. *Loc. cit.*

sans substrat subsistant[1]. À partir de là, il aurait été facile de comprendre aussi, *d'un autre côté*, le mouvement subjectif de cette manière, d'en faire pour ainsi dire un cas spécial du mouvement général. Patočka évoque de fait cette possibilité aussi dans le texte que nous étudions ici. Il dit notamment du mouvement subjectif : « Il pourrait être fort bien caractérisé par l'*atelês energeia* aristotélicienne s'il ne dépendait du mode d'être du sujet, que celui-ci soit libre ou sous influence[2]. »

On pourrait penser que cette restriction pourrait au bout du compte être outrepassé. Là où, dans la phénoménologie classique, l'être est constitué dans des effectuations de sens subjectives, selon Patočka le mouvement comme réalisation du possible est à généraliser de telle façon que tout étant viendrait à son être dans un mouvement, pour ainsi dire à travers le monde comme tel (de manière a-subjective, sans les centres de conscience de la formation de sens). S'oppose cependant à une telle a-subjectivité radicale (l'a-subjectivité d'un mouvement onto-génétique omni-englobant) la conception de l'ajointement au sens de l'ajustement du mondain aux intentions du mouvement subjectif du corps propre, exprimée sans équivoque possible dans la conférence de Fribourg. La subjectivité semble – du moins d'après ce texte – incontournable.

En effet, le mouvement est subjectif aussi en ce sens qu'il est l'accomplissement d'une « autodétermination au travers de virtualités ». Un projet de possibilités est réalisé, projet dans lequel le corps propre non seulement réagit aux possibilités qui s'offrent à lui, mais en fait activement le projet : « La *dunamis* ici n'est pas passive. C'est, au contraire, une *dunamis* qui se projette elle-même et dont la réalisation répond à une impulsion qui ne vient pas du dehors[3]. »

Le passage suivant aussi, qui conclut le manuscrit de la conférence « Phénoménologie et métaphysique du mouvement », s'oppose à la conception du mouvement subjectif du corps propre comme cas particulier du mouvement général du devenir du monde lui-même. Le monde demeure certainement ce qui prime pour Patočka, mais il n'est pas tout :

1. Voir P. Rodrigo *L'intentionnalité créatrice. Problèmes de phénoménologie et d'esthétique*, Paris, Vrin, 2009, chapitre III : « La refondation asubjective », notamment p. 108.

2. « Phénoménologie et métaphysique du mouvement », PP, p. 19 (trad. mod.).

3. *Ibid.*, p. 25.

> S'il en est bien ainsi, le mouvement « subjectif », tout en se dessinant et en se déroulant dans le monde, ne pourra jamais être compris, dans le fondement de ce qui le rend possible, à partir du monde. Le fondement de ce qui rend possible le mouvement sera, selon toute probabilité, cela même qui rend possible la vie – objectivement insaisissable, car toute objectivité ne peut se constituer, en tant qu'intuition, perception, synthèse, vérification, que sur son fondement. La vie ne pourra jamais être comprise de l'extérieur, non pas en raison de sa « subjectivité », mais parce qu'elle se fonde dans une sphère qui seule rend possible la subjectivité elle-même en tant qu'existante, en tant qu'étant, fondement dernier qui ne pourra jamais être ressaisi dans la réflexion. Cela permettrait aussi de comprendre pourquoi le mouvement est si étroitement lié à la vie qu'il [en] est le seul indice sûr [1]...

La question de savoir comment ce mouvement subjectif doit être déterminé reste ouverte :

> Mais la question d'un mouvement qui se réaliserait continuellement en nous dépend du sens de ce mouvement d'ensemble. Le sens d'ensemble ne pourra être saisi conceptuellement, de même que le mouvement en général n'est pas quelque chose qu'on pourrait appréhender et comprendre de manière objective. On ne peut tout au plus qu'indiquer, par le truchement de certains symboles, le sens et la courbe de ce mouvement global. Partant de la terre en tant que repère – enracinement – pesanteur – répétition – percée qui bat en brèche la pesanteur. Être-avec, mouvement-avec. [...] Les concepts qui ici surgissent ressortissent à la vie même. Les repères des grandes orientations du mouvement sont eux aussi « subjectifs » en ce sens – la terre au-dehors et au-dedans de nous, qui nous impose chaque nouveau « pour-quoi » [2].

Le manuscrit de cette conférence n'entre pas dans les détails de ces relations, et c'est dans d'autres textes, publiés à la même époque, que Patočka en traite dans le détail [3]. Nous allons maintenant, en guise de conclusion, évoquer de manière très sélective quelques thèmes de cette « phénoménologie de la vie », revenant par la même occasion sur ce que nous avons développé à propos du corps physique, mais désormais dans d'autres registres qui thématisent l'affectivité du corps propre dans sa dimension propre, ainsi que la dynamique de la vie extériorisée

1. « Phénoménologie et métaphysique du mouvement », PP, p. 27.
2. *Ibid.*, p. 19-20.
3. Voir surtout l'essai « Le monde naturel et la phénoménologie », de 1967 (« Přirozený svět a fenomenologie », FS-II, p. 202-237), MNMEH, p. 13-49.

dans le cadre de ce que Patočka appelle le « deuxième mouvement » de l'existence.

L'AFFECTIVITÉ ET LA CORPORÉITÉ DE LA VIE HUMAINE

Le monde n'est jamais parfaitement intégré dans la connexion de renvois de la formation de sens, il reste toujours quelque chose d'inquiétant, un « mystère », selon une formule de Patočka[1], de telle sorte que la corrélation entre le « mouvement subjectif de la corporéité propre » et le sens du monde ne peut pas être ultime. Le registre du corps propre renvoie au-delà de lui-même, et non seulement aux conditions transcendantales. De là, le fait que Patočka lui-même parle de phénoménologie et de métaphysique du mouvement. Jusqu'à présent, nous ne nous sommes pas beaucoup risqué sur le terrain de la métaphysique du mouvement, et nous nous abstiendrons ici aussi de faire ce pas au-delà de Patočka lui-même en direction d'une interprétation spéculative de ce qu'il qualifie de mystère. Nous voudrions simplement aborder encore rapidement une dimension phénoménologique qui correspond, sur le plan du vécu, au présent du tout du monde dans l'exposé patočkien du « premier mouvement d'existence ». Le corps propre, avec son mouvement subjectif, prend part à une formation de sens dont le fondement est l'ajointement dont nous avons traité plus haut, et dont parlait également, à sa manière, le dernier Merleau-Ponty. Il nous semble cependant que Merleau-Ponty prend moins en considération que Patočka ce qui reste au-delà de cette dimension de la formation de sens sur le fondement de l'ajointement, mais qui est néanmoins vécu. Avec le corps de chair, l'être vivant est placé dans un cadre plus vaste qu'une connexion de sens dans laquelle le sens se forme de manière à pouvoir être compris. La dépendance du corps propre par rapport au corps physique, en tant que « participation subjective à la formation de sens », en offre déjà une indication. Dans le pouvoir sur le corps propre, l'accomplissement subjectif de l'intention de mouvement n'est pas seulement une formation de sens dans laquelle le sujet est *in parergo* auprès de lui-même, mais le sujet incarné y éprouve également une dépendance à l'égard du corps physique.

1. J. Patočka, « Die Selbstbesinnung Europas » *Philosophischen Perspektiven*, 20 (1994), p. 241-274; trad. fr. « Réflexion sur l'Europe », LS, p. 181-213, ici p. 212.

> Dans le mouvement se fait sentir aussi, plus nettement qu'ailleurs, la limitation naturelle de nos effectuations subjectives de sens; la réalisation qu'est le mouvement dépend de l'état physique général auquel il renvoie et dans lequel il est, en ce sens, intégré [1].

Dans l'ajointement du mouvement subjectif, je peux sentir la dépendance par rapport au corps. Le sentir, l'affectivité est la dimension incarnée du vécu dans laquelle est donné un rapport à ce qui transcende les effectuations de sens. Il y a des motifs prédonnés des effectuations de sens du mouvement subjectif qui entrent dans la formation de sens [2], mais il y a aussi une dépendance à l'égard de ce qui demeure extérieur à la constitution du sens.

Dans ses notes en vue d'un cours de l'année universitaire 1968-1969 sur la corporéité, Patočka écrit qu'« en deçà du seuil de *nos* possibilités », telles que nous les avons abordées ci-dessus comme facteur actif en connexion avec le mouvement subjectif du corps propre, on peut distinguer encore une dimension, dans laquelle, « plutôt que de nous mouvoir nous-mêmes en tant qu'êtres libres, nous sommes *mus* » [3]. C'est la dimension du contact affectif avec le monde, que notre sensibilité partage « à sa manière » avec la vie animale, comme cela se voit dans le comportement des enfants. Patočka la caractérise comme un rapport prélinguistique au monde, le rapport du sentir pur. Comme dans cette dimension nous sommes mus, Patočka la désigne aussi comme sphère de « l'émotivité », car le mot *e-motio* contient déjà, dans sa racine, « l'idée de mouvement, d'émeute, d'émoi » [4]. Selon Patočka, cet être-mû montre une « consonance avec le monde » dans un vécu « sympathétique » [5]. Concrètement, il s'agit avant tout de l'appartenance bienheureuse au monde dans la chaleur vitale, expérimentée dans l'acceptation aimante par le prochain.

> Comme réalisateur de ce proto-mouvement instinctif, l'homme est, par tout son être, *tributaire de l'autre homme* dans sa fonction de protecteur, créateur de sécurité et de chaleur vitale, donateur d'unité, d'adhérence et d'attachement, du rapprochement mutuel instinctif et de la fusion qui est

1. « Phénoménologie et métaphysique du mouvement », PP, p. 19.
2. Cf. *ibid.*, p. 18.
3. « [Leçons sur la corporéité] », PP, p. 102.
4. *Loc. cit.*
5. *Ibid.*, p. 102-103.

une compensation nécessaire de l'individuation et de la dispersion en centres de vie singuliers [1].

À la consonance instinctive avec le monde, pour laquelle l'acceptation dans la chaleur vitale est nécessaire, s'oppose la froideur du milieu dans lequel une telle acceptation fait défaut. La relation repose sur l'acceptation, elle se fonde dans l'attraction ou l'être-attiré, où l'é-motion, en tant qu'être-mû vers le dehors, est comblée. Là où, au contraire, l'acceptation fait défaut, il se produit une é-motion inverse – le milieu glacé repousse, effraie [2]. La vie revendique une compensation pour ce rejet par le milieu inanimé, dans lequel l'être vivant se trouve placé comme chose individuelle, corps physique séparé des autres corps :

> La réalisation de ce mouvement trace une ligne caractéristique – commençant par l'accueil du nouveau-né dans la protection fournie par la chaleur humaine qui compense la première individuation physique, la séparation d'avec le corps de la mère, pour traverser le drame instinctif des attaches qui se dénouent et aboutir à l'individuation psychique, qui fait accéder à l'autonomie, et au renvoi de l'adulte dans le monde des adultes où le même mouvement se répète à un autre niveau, en une guise active, la vie qui aspire à l'attachement et au don de la fusion et de la chaleur ayant désormais une fonction non pas réceptrice, mais donatrice [3].

1. *Ibid.*, p. 109.

2. Le contraire de la chaleur du monde dans le premier mouvement d'acceptation par les autres et leur amour est ressenti, selon les écrits de la première période de Patočka déjà, comme « monde nocturne », froid, glacé, etc. On lit ainsi, dans un manuscrit du début des années 1940 sur « la théorie phénoménologique de la subjectivité » (Archives Patočka, n° 3000/307, p. 98-99) : « Il y a un "monde diurne" et un "monde nocturne", l'un avec ses modalités de pureté et de bonheur, allant jusqu'au ravissement qui nous transporte au plus haut des *hauteurs*, l'autre avec ses modes de mystère, mais aussi de péril, d'angoisse et d'effroi. Le plus cruel est le monde de l'entre-deux, la zone frontière, où il y a de la lumière, mais incolore et comme d'une lividité cadavérique, monde de la douleur, du désespoir, de la déception qui ébranle et croît dans des proportions colossales, sans issue possible. Tous ces phénomènes, sous leur forme concrète, sensible, sont "ouverts" par une tonalité affective correspondante; tous ces aspects de la réalité n'ont leur caractère spécifique que pour autant qu'ils sont les signes d'*horizons explicitables* d'un type spécifique. Or, on peut interpréter ainsi non seulement les phénomènes concrets de clarté et d'obscurité et leurs dérivés (les couleurs), mais d'autres phénomènes encore; le monde cruel, par exemple, a ainsi moins d'affinité avec les oppositions "lumineuses" qu'avec celles du domaine tactile et thermique, telle l'opposition entre la chaleur vitale dans la satisfaction, l'amour, la bonté au sein de l'étant, et le froid, pouvant aller jusqu'aux gelées les plus rigoureuses, etc. »

3. « [Leçons sur la corporéité] », PP, p. 109.

Si le corps a un caractère mondain, c'est uniquement parce que, dans le « processus du monde [1] », il partage avec les autres choses la condition de l'individuation, de la « mise à part de l'individu [2] » en tant que corps. Chaque chose naît comme individu en se mettant à part des autres [3].

Plus important pour la réalisation de la vie et de l'existence humaine chez ce corps individuel doté d'une sensibilité particulière, chez le corps propre, c'est son rapport à la totalité. Patočka y insiste, toujours dans le même contexte :

> Le rôle de la motricité, de l'émotivité, de l'imagination dans le sentir, dans la sympathie sensorielle avec le monde, montre que, bien qu'il ne s'agisse pas d'un connaître ni d'un comprendre au sens propre du terme, cette consonance a néanmoins un caractère *cosmique* [4].

Sur le plan de la vie instinctive, le rapport à la totalité vient, d'après Patočka, avant la compréhension de l'être; ce rapport a lieu dans une autre dimension, il n'est pas un rapport à la totalité de renvois d'une connexion de signification de mon « je peux », de ce que je projette virtuellement et fais avec mon corps de chair en réalisant les possibilités qui se présentent à partir de la connexion du tout du monde et qui s'offrent pour cela. L'affectivité est antérieure à ce plan de la corrélation entre le mouvement subjectif et l'horizon non apparaissant du monde comme réservoir de possibilités. Dans l'affectivité, il s'agit d'un « rapport non pas externe, mais *interne*, [qui] cependant ne présuppose aucun rapport à soi, aucune compréhension de soi-même, ni ouverture aux possibilités ni être-ouvert de l'être propre [5] ». Dans ce rapport, nous nous tournons « vers les autres choses non pas en tant qu'étantes, mais simplement en tant que présentes [6] ».

Ce rapport au présent, qui sur le plan de l'affectivité concerne l'être vivant tout entier et totalement, a également « un corrélat global : une certaine *expectative*, qui en même temps met déjà cet être en situation, le touche en quelque façon; ce n'est pas un pur spectacle, mais quelque

1. J. Patočka, *Tělo, společenství, jazyk, svět* [cours de l'année universitaire 1968-1969], Prague, OIKOYMENH, 1995, p. 109. Le lecteur français pourra consulter la traduction anglaise d'E. Kohák, *Body, Community, Language, World* (ci-après BCLW), Chicago, Open Court, 1998, p. 156.

2. *Ibid.*, p. 110; BCLW, *loc. cit.*

3. Cf. « [Leçons sur la corporéité] », PP, p. 114.

4. *Ibid.*, p. 104.

5. *Tělo, společenství, jazyk, svět*, p. 98; BCLW, p. 138.

6. *Loc. cit.*

chose qui remue cet être, qui le maintient en mouvement, dans l'émotion [1] ».

L'être-mû, dans ce plan, renvoie à un type de mouvement qui se déroule entre l'être vivant et le monde en tant que son environnement, qui ou bien offre l'acceptation et est donc vécu en tant que chaleur, ou bien demeure étranger et est éprouvé comme froideur. Nous nous trouvons là dans une dimension qui précède le plan où les possibilités de l'action corporelle s'offrent à partir du monde – sur le fondement de leur ajointement-ajustement à l'intentionnalité de cette action. On peut dire, à tout le moins, que le mouvement englobant n'a pas ici de dénominateur commun dans la *dunamis*, la possibilité, qui se réaliserait comme *energeia atelês*. Pour cette raison, nous pensons qu'il faudrait réserver ces caractères à la corrélation entre le corps propre (mouvement subjectif) et le monde (mouvement onturgique), tandis que, sur le plan de l'affectivité, le corps de chair de l'être vivant vit le monde autrement.

> Le mouvement premier et fondamental, celui sans lequel les autres ne seraient pas possibles, est ainsi quelque chose de relativement autonome. C'est le mouvement de la vie instinctive [...]. L'être humain est lui aussi, comme l'animal, un être instinctivement sentant et affectif, qui s'ouvre au monde dans la passivité et la consonance et répond dans un mouvement réflexe aux stimulations qu'il en reçoit. Dans notre mouvement d'ancrage ou d'enracinement, qui du début à la fin figure la basse fondamentale dans la polyphonie de la vie, il y a également une *consonance avec l'aspect global du monde, une impulsion vers l'attachement*, la chaleur vitale, la fusion, le bonheur, loin de l'étranger, du froid et de l'aversif, *impulsion qui se réalise* dans les mouvements accomplis par notre corps [...]. Par l'aspect de son être que constitue le mouvement affectif, l'homme est *immergé dans le monde*, non pas comme milieu fonctionnel et pratique, mais comme espace omni-englobant de chaleur et de froideur, plus précisément de chaleur ou de froideur vitale. Le monde ici n'est pas pour lui un simple corrélat du *travail*, mais quelque chose qui est donné en soi, quelque chose qui en soi-même s'étend aussi bien dans la profondeur du temps que dans les lointains de l'espace [2].

Patočka parlait déjà de cet aspect de la donation du monde dans sa thèse d'habilitation de 1936, développant un point de départ husserlien, mais il va plus loin que Husserl (plus loin aussi que Heidegger) précisément

1. *Ibid.*, p. 99 ; BCLW, p. 139.
2. « [Leçons sur la corporéité] », PP, p. 108-109.

dans la question de l'absolument et purement étranger[1]. Parmi les phénoménologues, Emmanuel Levinas aussi entreverra ce moment de l'absurde et de l'indifférent dans ses analyses du « *il y a* ». Pourtant, s'il met également en relief la dimension de l'affectivité comme essence de la subjectivité, c'est pour rejeter le rapport au monde, expressément, comme cadre ultime du mouvement de l'existence humaine. Patočka, lui, demeure fidèle à ce thème sa vie durant, procédant d'emblée de façon originale dans ses analyses du mode d'être originaire de l'homme au monde pour apporter une contribution importante à la pensée du corps, du corps propre et de l'affectivité humaine.

Dans les descriptions du deuxième mouvement de la vie aussi, il y a un moment-limite qui serait à relever dans ce contexte. En 1967, dans « Le monde naturel et la phénoménologie », l'un des rares textes publiés de son vivant (on n'en compte guère plus de quatre ou cinq) dans lesquels Patočka traite des mouvements de la vie, le caractère relationnel de ces mouvements est mis en avant sans équivoque, l'auteur voyant la tendance principale de l'existence humaine dans la quête et la découverte de l'autre en soi et de soi-même dans l'autre. L'homme ainsi n'est pas simplement enraciné dans l'autre par le premier mouvement, comme l'atteste de façon exemplaire la relation éminemment étroite de l'enfant avec sa mère ; au contraire, la situation originaire d'être toujours déjà en rapport avec autrui est caractéristique de la vie humaine en tant que telle.

La satisfaction des besoins de la vie implique d'abord une dépendance, puis une coopération et une rivalité dans le monde en dehors du chez-soi, notamment dans le milieu du travail, qui est d'ores et déjà à la fois chosique et social. C'est cela qui conduit à la découverte du registre chosique de la vie, condition du « rapport *extérieur* aux hommes[2] » qui permet d'assurer la satisfaction des besoins de la vie en général dans le monde chosique.

« Dans cette optique – écrit Patočka – les rapports de pouvoir, [...] dans la solidarité et dans l'opposition, sont en définitive l'assise sur laquelle la vie repose[3] » dans son deuxième mouvement. Le passage au troisième mouvement y est alors préparé comme suit :

> Toutefois, ce rapport qui voit *autrui* de l'extérieur, comme une force conditionnante et conditionnée (dans le travail et les besoins), est dans

1. MNPP, p. 83.
2. « Le monde naturel et la phénoménologie », MNMEH, p. 38.
3. *Loc. cit.*

> son fond inséparable du rapport à la vie *propre* à travers la mort, de même que l'enracinement premier présuppose le rapport à la vie propre à travers une autre vie [1].

C'est dire qu'est inscrite, dans le deuxième mouvement déjà, une figure de la limite de la vie, une figure de la mort que Patočka mobilisera dans une perspective originale, s'appuyant explicitement, non pas sur Heidegger, mais sur Hegel et, au-delà du motif dialectique hégélien, se profilant à nouveau – comme dans le cas de la présence du non-sens dissimulé derrière la chaleur de l'accueil affectif par l'autre dans le premier mouvement – vers la limite. Or, ce mouvement vers la limite n'est justement pas une tendance naturelle à la vie comme telle.

Il y a, d'une part, l'enchaînement de la vie à elle-même par la nécessité de satisfaire ses besoins, de sorte que, « dans le besoin, chacun est un être objectivé, qui est au monde en tant que chose parmi les choses [2] ». Cela exprime ce que l'on comprend comme ressortissant aux tendances « naturelles » de la vie. Pourtant, tout objectivé qu'il est, l'homme

> n'est jamais une chose au sens plus profond, comme l'atteste ne serait-ce que le caractère primaire de son enracinement dans les autres, possible seulement parce que l'être humain est d'emblée en dehors de son centre particulier, quelque chose qui dépasse sa personne close sur soi, sa corporéité et son état de besoin. [...] Même là où je vis mon rôle et ne vois chez les autres que le leur, cette symétrie s'accompagne d'une insatisfaction, de la recherche d'un rapport plus profond [3].

On retrouve là quelque chose comme le sentiment de non-remplissement par la finitude dont Patočka parlait déjà dans les années 1930, dans un autre contexte [4]. Dans cette nouvelle constellation, il peut s'appuyer sur ce qu'il a formulé alors, puis développé au début des années 1950, dans son travail sur le « platonisme négatif » [5]. C'est, nous semble-t-il, dans le prolongement de ce motif de la vie « infinie » qu'il écrit (toujours en 1967) :

1. *Loc. cit.*
2. *Ibid.*, p. 39.
3. *Loc. cit.*
4. Voir *infra*, p. 112, note 3.
5. Cf. J. Patočka, « Negativní platonismus », PoD-I, p. 303-336; traduit dans LS, p. 53-98.

> L'insatisfaction est le refus de chaque figure objective finie. Elle est en même temps un détachement affectif et pratique de la finitude, elle est une volonté de risque, qui veut la mort de toute déterminité [1].

Et d'ajouter, avec un renvoi à Hegel, qu'un tel dépassement de la finitude ne peut être voulu et désiré qu'à travers l'autre en tant qu'objet.

Pourquoi ce détour par l'autre objectivé, pour ainsi dire chosifié, corporel en tout état de cause ? Parce que la vie dans le deuxième mouvement se situe dans le milieu chosique où, détérminée par la logique des besoins, elle reste captive d'un inéluctable retour à elle-même. C'est contre cette dynamique de la vie qui fait retour à elle-même à travers son extériorisation dans le monde chosique que se dresse le sentiment de l'existence, sentiment de frustration, d'aliénation, d'insatisfaction vis-à-vis de la vie (et, partant, désir d'en être délivrée). Cela semble introduire une opposition entre l'existence et la vie. Reprenons le texte de Patočka, qui décrit ainsi l'antagonisme immanent à la vie sous la forme extériorisée qu'elle prend dans son deuxième mouvement :

> Le dépassement de la figure finie peut se réaliser par le combat; il a alors besoin de l'autre comme réalité du péril qui me menace. Hegel a analysé dialectiquement cette situation comme lutte à la vie et à la mort. Mais cette lutte n'engendre aucune conscience positive de soi, car l'autre y est aussi destructif et négatif que moi. Un dépassement plus profond de la finitude, dépassement qui a, au contraire, un contenu positif, est atteint là où je n'accomplis pas le mouvement de retour qui m'éloigne derechef de l'autre et me ramène à moi-même, mais bien où je me livre, où je me dévoue à lui; je deviens ainsi celui à travers qui l'autre reçoit son existence, l'autre celui à travers qui je reçois la mienne [2]...

Le texte semble là conforter notre hypothèse d'une opposition naissante entre la vie et l'existence, moins au niveau de la lettre (le mot « existence » n'est pas utilisé) que dans l'esprit dont il s'agirait de suivre le mouvement. Le combat, déterminé toujours par la logique et les valeurs de la vie finie que les combattants veulent atteindre et par lesquelles ils sont mus (devenant dans ce mouvement, l'un pour l'autre, des obstacles matériels, corporels, chosiques), n'est pas encore ce qui opère le passage à l'existence. Cela dit, l'affrontement du combat radical et qui va jusqu'au bout peut conduire à la donation d'autre chose, à la mort imminente qui mettra définitivement fin à tous mes désirs et

1. « Le monde naturel et la phénoménologie », MNMEH, p. 39.
2. *Loc. cit.*

aspirations encore dictés par la vie. Dans le combat à mort, l'homme est confronté à la limite de la vie et de ses valeurs. Il y a là un moment où le vie comme mouvement vers ces valeurs s'arrête ou, du moins, peut s'arrêter et subir un revirement. C'est là, et là seulement, que commence le troisième mouvement : l'homme n'est plus porté vers le monde par la tendance naturelle à la vie finie, il s'ouvre une autre possibilité, la percée de ce que Patočka – par opposition aux tendances de la vie finie – appelle la vie infinie. Citons encore les mots dans lesquels il résume le passage du deuxième au troisième mouvement, de la vie finie à l'infinie (qualifiée également d'existence spirituelle ou d'esprit) :

> Enfin, l'affrontement de la finitude, de la mort et du néant ébranle tout rôle. Ce troisième rapport est, il est vrai, initialement lié lui aussi à un rôle déterminé – au rôle de combattant qui a cependant la particularité de faire glisser l'homme jusqu'aux extrêmes confins de l'humanité, de l'arracher à la chaleur du chez-soi quotidien pour le plonger dans le froid glacial du non-être [1].

On retrouve là le même moment ou événement essentiel, sans lequel l'homme (ou le vivant) ne s'affranchirait pas de la clôture sur soi qui, aux yeux de Patočka, caractérise la vie. Le passage se poursuit dans une mise en question, après quoi le troisième mouvement s'annonce dans l'effort de l'esprit pour apporter une réponse. Il y a là, dit Patočka, « une question posée, impérieuse, à laquelle on ne peut se soustraire », question qui parvient à « jeter à bas le rôle », à « susciter la liberté », mais demeure en elle-même impuissante tant à définir cette liberté qu'à lui donner un « contenu positif », question dont la réponse ne vient que du « *regard sur la totalité* » [2], c'est-à-dire de l'esprit.

L'affrontement entre les mouvements de la vie et la limite où le rapport vital peut subir un revirement, se convertir à l'esprit, est une idée à laquelle nous reviendrons dans la deuxième partie de ce volume. Notre but ici était d'abord d'expliciter l'incarnation de la vie comme dimension incontournable de l'existence humaine.

1. *Ibid.*, p. 40.
2. *Ibid.*, p. 40-41.

CONCLUSION

L'unité des questions du corps, du corps propre et de l'affectivité, dans leur relation avec le mouvement, est essentielle, mais différente dans chacun des mouvements de l'existence. Par rapport au mouvement lui-même, qui peut aussi se présenter comme thème autonome, on pourrait faire les distinctions suivantes : aussi bien le monde naturel dans sa pré-donation que la rencontre avec l'intramondain, réalisée dans le corps de *chair*, sont à concevoir en tant que mouvement (non seulement aucune perception n'étant concevable sans mouvement, mais toute vie étant à penser précisément comme un mouvement subjectif). Le *corps* de chair participe en outre lui-même en tant que mondain – de même que d'autres étants mondains – au mouvement du monde comme tel. Si tout cela, les modes d'être originaires de l'homme au monde et, corrélativement, un mode d'être originaire du monde lui-même et le processus de donation de l'intramondain, est à penser par un concept de mouvement, ce concept doit cependant être différencié. On n'aura pas recours au mouvement seulement au niveau phénoménal usuel de la corrélation entre le corps-sujet (le « corps subjectif ») expérimenté/expérimentant et son environnement objectif, mais aussi là où le corps physique est pensé dans le contexte d'un mouvement « ontogénétique » universel, englobant au sein du monde chaque sujet expérimentant ainsi que chaque objet apparaissant. Ce n'est là ni le mouvement objectif dans l'espace et le temps du monde constitué, ni le mouvement dans lequel le monde est constitué subjectivement dans les perceptions et autres représentations de la conscience dans le champ phénoménal, mais un mouvement pré-objectif et pré-subjectif, antérieur à l'apparaître des objets. Dans le passage du mouvement du corps physique au mouvement du corps propre et inversement, le mouvement joue un rôle dans un autre sens encore : le corps (*Körper*) vivant ne devient corps propre humain, sujet du vécu, qu'à travers l'acceptation par d'autres humains. Le milieu de ce mouvement est l'affectivité, l'« é-*motio*-nalité ». Voilà le noyau de ce que Patočka appelle « le premier mouvement de l'existence humaine ». Et c'est dans ce même milieu que le « pré-objectif » du monde est aussi ressenti comme un tout. Les mouvements de l'affectivité ménagent un accès au tout dont l'intentionnalité de la conscience et l'action corporelle sont essentiellement dépourvues, dans la mesure où elles ont pour corrélat un intramondain singulier. Le lien du mouvement avec les questions du corps, du corps propre et de l'affectivité est ainsi un trait essentiel de la constellation de la philosophie phénoménologique du monde naturel chez Patočka, plus particulièrement à partir des années 1960, mais cette relation est articulée chaque fois autrement, selon le contexte, et se différencie en fonction des différents niveaux de réflexion. Ce sont ces distinctions que nous avons tenté ici de mettre en lumière.

CHAPITRE III

L'OUVERTURE DU MONDE PHÉNOMÉNOLOGIQUE : DONATION OU COMPRÉHENSION ? *SUR LE PROBLÈME DE L'APPARAÎTRE COMME TEL*

Le point de départ de l'analyse et de l'interprétation philosophique de l'apparaître comme tel ne peut être autre chose que l'apparition, la donation concrète, le phénomène. Or, qu'est-ce que le phénomène ? Le problème de l'interprétation du phénomène se pose d'entrée de jeu : on ne peut commencer à analyser la donation sans présupposer une certaine interprétation de ce qui est donné en tant que phénomène. Il y a une interprétation à l'œuvre dès le premier contact avec ce qui est donné dans l'expérience ; de là, l'idée selon laquelle l'expérience serait une compréhension. Les phénoménologues diront peut-être que l'expérience n'est pas pour autant réductible à la compréhension, que la donation excède ce qui est et peut être compris. Bien qu'ils aillent toujours de pair dans l'expérience, le moment de la donation et celui de la compréhension seraient alors les deux pôles à partir desquels l'apparaître de l'apparaissant peut être abordé. Il nous semble que la position de la philosophie phénoménologique de Jan Patočka, notamment eu égard au problème de l'apparaître comme tel, est à situer entre ces deux approches.

Nous nous bornerons ici à quelques remarques sur le thème de l'apparaître comme tel chez Patočka en partant de la question de l'ouverture du champ phénoménal. Patočka lui-même a posé d'une certaine façon cette question qui, à vrai dire, s'impose au vu de la manière dont il aborde l'apparaître comme tel, à partir de la différence phénoménologique entre le monde en tant qu'univers de l'apparaissant et le champ phénoménal à travers et moyennant lequel il apparaît. Se pose ici la question critique de la « clôture métaphysique » de ce champ phénoménal par la phénoménologie transcendantale aussi bien dans sa version husserlienne, subjectiviste, que dans la version asubjective proposée par Patočka au début des années 1970. Comment rendre compte de l'ouverture du champ phénoménal à partir duquel Patočka aborde l'apparaître comme tel ? Par le moyen d'une analyse de la donation de ce qui vient du dehors et qui est, du moins en partie, irréductible à l'œuvre humaine ? Mais comment y accéder ? À travers l'analyse de la compréhension de l'être ou plutôt par une déconstruction des figures spéculatives de la pensée du monde ? N'est-ce pas trop nous éloigner de la phénoménologie en tant que thématisation de l'apparaître comme tel ?

Husserl aborde le phénomène en analysant la constitution du sens dans les actes de la conscience. Ce qui est donné est d'abord décomposé au fil d'une psychologie descriptive, puis purifié du point de vue d'un certain transcendantalisme, ce qui amène finalement Husserl à l'essai d'une fondation subjective de l'apparaître.

Patočka, quant à lui, tente de renverser ce mouvement et de « rendre à la phénoménologie, conformément à ce qui fut sans doute l'intention première de Husserl, le sens d'une investigation de l'apparaître comme tel[1] ».

Dans la plupart des derniers textes phénoménologiques de Patočka, nous trouvons la même manière de procéder : d'abord une critique de l'analyse husserlienne de la donation qui libère le champ phénoménal de son ancrage dans la conscience constituante, puis l'ébauche des alternatives qui apportent une élucidation du statut (transcendantal, cosmologique, existential-ontologique) du champ phénoménal. Pour notre propre esquisse du problème de l'apparaître chez Patočka, nous proposons donc la subdivision suivante, correspondant à peu près aux trois concepts de monde que l'on peut distinguer chez le philosophe :

1) Qu'est-ce qui apparaît ? La réponse à cette première question – c'est le monde au sens ontique qui apparaît, l'univers de l'étant, bref, les choses – en entraîne une deuxième :

2) Comment les choses apparaissent-elles ? Cette deuxième question est formulée sous les espèces d'une philosophie transcendantale

1. « Le subjectivisme de la phénoménologie husserlienne et la possibilité d'une phénoménologie "asubjective" », QPh, p. 211.

des conditions de l'apparaître, laquelle demeure une philosophie phénoménologique dans la mesure où elle saisit ces conditions en tant qu'elles-mêmes apparaissent. Les modes de l'apparaître ressortissent au champ phénoménal, qui est interprété d'abord comme monde au sens phénoménologique d'une structure *a priori* de la manifestation. Patočka cependant ne s'arrête pas là, mais pose encore une question :

3) D'où vient l'apparaître comme tel ? Concédant, d'une part, que l'univers des choses serait possible en l'absence de toute manifestation, d'autre part, que le transcendantal, cette dimension du monde liée à l'homme, n'a sans doute pas par lui-même la puissance de faire apparaître, de donner l'étant, force est au philosophe de demander s'il faut donc concevoir encore un fondement ontologique ou cosmologique de l'apparaître. Comment expliquer que les choses ne soient pas simplement subsistantes, mais qu'elles apparaissent ? Et comment saisir l'apparaître comme tel ? La question de l'ouverture du champ phénoménal relève également de ce contexte.

POINT DE DÉPART : L'APPARITION DE LA CHOSE

Le premier texte consacré au projet d'une phénoménologie asubjective [1] commence par une analyse critique des principes de la phénoménologie husserlienne, c'est-à-dire le « principe des principes » du § 24 des *Ideen I*, le principe de la donation en tant que source unique de l'évidence philosophique, ainsi que celui du retour aux choses mêmes. Patočka, s'il est d'accord avec Husserl sur la donation des choses mêmes, n'admet pas la fondation réflexive qui ancre la recherche de cette donation du monde dans l'autodonation de la conscience qui vise le monde. À travers la critique du cartésianisme en tant que présupposé qui amène Husserl à une solution idéaliste du problème, c'est-à-dire à l'idée de la corrélation noético-noématique et de la réduction de tout être en tant qu'objet à la vie noétique d'un sujet, Patočka essaie

1. Il s'agit des notes en vue d'une série de leçons à l'université traduites sous le titre « La philosophie transcendantale de Husserl après révision » dans J. Patočka, *Introduction à la phénoménologie de Husserl*, Grenoble, Millon, 1992, p. 225-265 ; trad. E. Abrams. Le cours comme tel, professé en 1969-1970, a été publié à Prague en 1993, sur la base des notes des auditeurs, sous le titre *Úvod do fenomenologické filosofie* (*Introduction à la philosophie phénoménologique*). C'est en même temps que Patočka rédige les deux articles sur la possibilité et la nécessité d'une phénoménologie asubjective traduits dans QPh, p. 189-248.

d'expliciter les différents modes de donation subjective comme autant de guises de l'autodonation du monde comme tel. Cette donation a lieu dans le champ phénoménal à travers lequel ce sont les choses mêmes qui apparaissent, qui se donnent selon différents modes :

> La perception est [...] la présence d'un réel en original, présent non pas en une guise intuitive indéterminée, mais précisément dans sa réalité déterminée, ce qui n'est le cas ni du souvenir, qui est un quasi-présent, la répétition non originale de quelque chose vécu autrefois en original, ni de l'imagination, quasi-présent *indéterminé* auquel fait défaut jusqu'à ce caractère du vécu autrefois en original. Tout cela apparaît d'ailleurs, non pas du côté du moi, mais en tant que me faisant *vis-à-vis*; ce sont des caractères d'apparition de l'apparaissant, non pas de celui *à qui* de telles choses apparaissent[1].

Cette phrase souligne que ce qui importe ici à Patočka, dans son projet, ce n'est pas le mouvement qui naît de la donation par esquisses, la perception comme synthèse ouverte, mais, au contraire, la présence d'une réalité d'ores et déjà déterminée, la compréhension de la chose en tant que telle ou telle. Patočka, nous semble-t-il, passe volontiers, de cette analyse de la donation de quelque chose à travers les modes de l'apparaître, au point de vue heideggérien qui dirait que l'on accède à la chose par sa compréhension en tant que telle ou telle, moyennant la compréhension de son être. Pour cette raison, il n'hésitera pas à identifier la fonction du champ phénoménal à la compréhension de l'être et à prendre ces deux structures pour un *a priori* phénoménologique. Le problème – que plus d'un critique a reproché à la phénoménologie – c'est qu'un tel *a priori* n'ouvre l'expérience que pour l'enclore dans un cadre déterminé : l'ouverture, par une structure *a priori*, d'un enchaînement possible des apparitions va de pair avec la clôture de ce champ du possible par son encadrement transcendantal.

Dans le projet originaire d'une phénoménologie asubjective, partant d'une critique du cartésianisme de la phénoménologie husserlienne, Patočka s'intéresse moins au caractère indéterminé du monde rencontré à travers l'apparition qu'il n'insiste plutôt sur le fait que le sens de ce qui est perçu, avec tous ses caractères de donation, est déjà là, donné du dehors à celui qui perçoit. Rien ne vient de celui-ci. Tout ce qui apparaît à un moi, tout contenu, vient du dehors, du monde; il n'y a rien qui puisse apparaître du dedans. Tout sentiment d'égoïté est lié à un quelque

1. « Epoché und Reduction in den "Fünf Vorlesungen" », *Vom Erscheinen...*, p. 118; trad. fr., PP, p. 166.

chose qui est là-devant, à un non-moi qui apparaît d'une manière ou d'une autre. La réflexion tournée au-dedans du moi ne pourrait trouver que des contenus provenant du dehors, le percevant se percevant lui-même à travers les choses données dans le champ phénoménal. Tout ce qui est là pour moi passe par le médium de l'apparaître, qui est inséparable du monde apparaissant. Moi-même, je fais partie de ce monde, je n'apparais à moi-même qu'à travers le champ de l'apparaître. Cette médiation par le champ phénoménal n'empêche aucunement les choses de se donner en tant qu'elles-mêmes. Or, Patočka attribue également à la compréhension de l'être cette même médiation transparente, qui laisse apparaître les choses sans les modifier. Il le dit clairement lors d'une discussion : « Le monde auquel nous croyons, le monde des choses, soit, à proprement parler, de l'étant intra-mondain, présuppose un monde à l'aide duquel nous croyons, et c'est ce deuxième monde, dont parle Heidegger, qui est en dernière analyse un projet signifiant », monde qui est là de façon non thématique et qui fait que ce que nous rencontrons reçoit sa signification, que nous le comprenons [1].

De ces deux perspectives possibles, nous commencerons par la première, la perspective husserlienne, qui est celle que Patočka a surtout élaborée, du moins dans ses manuscrits de travail.

1. Entretien avec Petr Rezek à la suite d'une conférence prononcée par celui-ci à la fin de l'année 1975; voir *Polemos I*, Prague, *samizdat*, juin 1979, p. 79-80. (Après avoir d'abord suivi la piste d'une phénoménologie transcendantale plutôt classique, nous reviendrons encore à la présence de certains motifs heideggériens dans le projet patočkien d'une phénoménologie asubjective. En effet, Patočka lui-même défend d'abord la thèse selon laquelle « le problème de l'apparaître est plus profond que le problème de l'être », celui-ci étant à aborder « uniquement à partir du problème de la manifestation ». Ces propos sont extraits de la transcription du cours sur Platon et l'Europe professé en 1973 [cf. J. Patočka, *Platon et l'Europe* (ci-après PE), Lagrasse, Verdier, 1983, p. 177; trad. E. Abrams]. Nous insistons sur l'année, car la plupart des textes qui relèvent du projet d'une phénoménologie qualifiée expressément d'*asubjective* sont antérieurs à cette date. Ce n'est qu'après que Patočka en vient à la relecture de Heidegger attestée, entre autres, par la conférence sur « Les périls de l'orientation de la science vers la technique selon Husserl et l'essence de la technique en tant que péril chez Heidegger », rédigée initialement pour le Congrès mondial de philosophie qui se tient à Varna du 17 au 22 septembre 1973, texte qu'il remettra plus d'une fois sur le métier sans jamais parvenir à une version définitive. À partir de 1974, sa philosophie commence, en tout état de cause, à se rapprocher clairement de Heidegger, et l'élaboration d'un projet de phénoménologie en tant que doctrine de l'apparaître comme tel semble céder la place à d'autres projets. Précisons enfin, avant de refermer cette parenthèse, dont le but est d'éclairer la structure de notre exposé, que ce qui nous guide, ce sont les intentions explicites qui se relaient dans l'œuvre de Patočka, et non pas la chronologie des textes.)

CO-APPARITION DU MONDE AU SENS PHÉNOMÉNOLOGIQUE

Patočka demeure un phénoménologue classique qui ne craint pas de parler de la donation en personne des choses. Pour lui, l'étant mondain nous est donné en personne, en chair et en os. De même, il tient pour tout à fait possible le passage à la donation du champ phénoménal dans lequel l'étant apparaît. Rappelons la critique que Patočka adresse au cartésianisme de l'autodonation des vécus de la conscience à elle-même chez Husserl :

> Or, si l'on considère que ces prétendues « données-en-personne internes » [dont parle Husserl] ne sont rien d'autre qu'une *réduplication* des caractères de donation qui se dessinent originairement comme non égoïques, faisant vis-à-vis au moi vide, les choses se présentent autrement [1].

Comment se présentent-elles? Voyons la suite du passage des *Papiers phénoménologiques* que nous venons de citer :

> La présence en personne est présence de la chose elle-même (et non pas d'une quasi-chose, quasi « elle-même », une donation d'image, etc.); elle [comprendre : la présence en personne] n'est pas exclusivement la donation de l'optimum de la plénitude qualitative. Le centre de la présence en personne est toujours constitué par une telle plénitude, mais il reste encore dans la présence vide, dans et malgré la mutation du style, une donnée qui n'est aucunement à considérer comme une simple « intention vide ». S'il est vrai que la donation vide comporte des renvois à d'autres plénitudes qualitatives, lesquelles sont variables, il y a là aussi un élément qui demeure inchangé lors de tout remplissement, à savoir le spatial en tant que tel [2]...

Nous avons là un exemple d'un élément de l'expérience qui est une condition de possibilité de l'apparaître. Le spatial, comme chez Kant, fait partie de l'*a priori* de l'apparition concrète ontique, c'est un *a priori* qui est donné, et Patočka souligne qu'il est donné lui-même en personne :

> Ce spatial n'est pas seulement le « remplissement toujours à nouveau » d'une intention vide, mais bien plutôt une uniformité homogène qui s'étend toujours plus loin et dont je n'ai pas connaissance par des

1. « Epoché und Reduction in den "Fünf Vorlesungen" », *Vom Erscheinen*..., p. 121; trad. fr., PP, p. 170.

2. *Ibid.*, p. 122; trad. fr., *loc. cit.*

> « plénitudes sensibles », mais qui est là en tant que telle, en tant que tout[1].

De là, la question rhétorique qui suit immédiatement : « Y a-t-il le moindre sens à dire qu'elle [cette uniformité *a priori*] ne soit pas là *en personne*, mais dans une représentation, quelle qu'elle soit[2] ? »

Ce n'est donc pas une déconstruction herméneutique de l'ordre symbolique de la représentation et de son interprétation objectivante (psychologique, par exemple) qui donne accès au transcendantal opérant dans l'expérience et qui peut guider les procédures d'une telle déconstruction des couches superposées vers ce qui se donne de soi-même. Il est évident que ce qui se donne ainsi – à la manière du spatial – n'est justement pas vu, mais demeure normalement en retrait comme condition de possibilité du visible, de l'apparition. Il est présent à la manière d'une toile de fond – transparente, dans le cas du spatial –, mais pour qu'il soit donné en personne, il faut d'abord le rendre thématique. Cela exige une modification du regard, un revirement de l'expérience normale, un changement d'attitude chez l'homme. Pour que l'*a priori* du monde apparaisse lui-même et devienne une présence en personne, il faut une sorte d'*epokhê* phénoménologique, Patočka le dit on ne peut plus clairement. L'homme n'a accès aux modes et caractères de donation qu'en « renonçant à l'*usage* de l'apparaître[3] ». La présence en personne de la structure de l'apparaître lui-même n'est possible que dans l'optique d'une *epokhê*.

L'essentiel, c'est la motivation de cette philosophie transcendantale phénoménologique : le renouveau de l'intention originaire de la phénoménologie, à savoir l'investigation de l'apparaître comme tel, devient clairement, pour Patočka, une réhabilitation du monde. Chez Husserl déjà, l'*epokhê* est indissociablement liée à la mise à découvert de la thèse générale du monde. D'une part

> elle la [c'est-à-dire la thèse générale du monde] met hors de jeu pour toute démarche au sens de la connaissance naturelle. En même temps cependant, d'un point de vue particulier, du point de vue, non pas du phénoménologiser, mais de la philosophie phénoménologique, l'*epokhê* ainsi conçue est une *confirmation* de la thèse du monde, peut-être la plus radicale, voire la seule qu'elle puisse recevoir, car le monde apparaissant

1. *Loc. cit.*
2. *Loc. cit.*
3. *Ibid.*, p. 123 ; trad. fr., p. 171.

> en tant qu'étant, bien que mis hors circuit pour la *connaissance naturelle*, est néanmoins là pour l'*intuition* [1].

Patočka tient à préserver le monde de la « dissolution de la réalité de l'être en une formation des intentionnalités transcendantales [2] ». C'est pourquoi il voit dans l'*epokhê* radicalisée, qui va au-delà du projet de la réduction husserlienne, un remède à la maladie idéaliste de la phénoménologie : c'est précisément dans la manifestation du monde en tant que phénomène que se montre l'être du monde, son irréductibilité au subjectif pur [3].

Or, ce qui se perd dans ce propos de « reprendre pied sur le sol du monde [4] », c'est, nous semble-t-il, l'orientation précise sur le problème de l'apparaître *comme tel*. Sans mettre le projet de Patočka en parallèle avec l'une ou l'autre des radicalisations de l'*epokhê*/réduction proposées par les nouvelles phénoménologies en France (Marc Richir, Michel Henry, Jean-Luc Marion), il est à noter que les exigences explicites de ce projet (l'exigence d'asubjectivité d'abord, comme aussi celle qui vise à transformer la phénoménologie en une doctrine de l'apparaître) ne sont pas satisfaites par Patočka lui-même, dans la mesure où son intérêt semble porter plutôt sur une interrogation phénoménologique de l'apparaître *du monde*. Mais en admettant même que son projet ne saurait donc pas être identifiée à l'investigation de l'apparaître en tant que tel – du « rien que phénomène » –, que Patočka reste jusqu'à un certain point, comme sans doute Merleau-Ponty aussi, « captif » du monde en tant qu'horizon ultime de l'apparaître, il n'en demeure pas moins vrai que, comme le dernier Merleau-Ponty aux yeux de certains de ses interprètes, et en suivant celui-ci, le penseur tchèque aussi ouvre d'une certaine manière la voie d'une telle recherche.

Nous l'avons vu : ce que le regard phénoménologique saisit dans l'*epokhê*, c'est, par exemple, l'espace en tant que forme ou, plutôt encore, en tant que moment de la forme que Patočka appelle le monde et que nous qualifions pour notre part de monde phénoménologique. En quoi cette démarche phénoménologique se détourne-t-elle de l'apparaître comme tel, qui était son but ? Dans la mesure où, dans cette analyse, le

1. « Die phänomenologische Fundamentalbetrachtung und die Epoché », *Vom Erscheinen…*, p. 140 ; trad. fr., PP, p. 187-188.

2. *Ibid.*, p. 144, note 193 ; trad. fr., p. 190.

3. « *Und indem die Welt Erscheinung ist,* ist *sie eben auch, sie ist dadurch nicht verflüchtigt zu einem rein Subjektiven.* » – *Ibid.*, p. 141, note 191 ; trad. fr., p. 192.

4. Cf. « [Leçons sur la corporéité] », PP, p. 63.

monde phénoménologique est statique; ce qui peut être intuitionné est une forme du monde, une structure. Patočka lui-même parle d'un *a priori*, du monde en tant que structure *a priori* de l'apparaître. Or, il s'agit de penser l'apparaître en tant qu'événement ou mouvement, si métaphorique que soit l'emploi fait ici du concept de « mouvement ». Ce qui nous intéresse, c'est l'autonomie propre de l'apparaître, son ouverture, qui n'est sans doute pas identique à l'ouverture du monde.

Nous croyons possible de trouver trois amorces de réponse à cette tâche de la phénoménologie en tant que thématisation de l'apparaître comme tel, trois conceptions de l'ouverture du champ phénoménal et, à la fois, de l'apparaître. C'est d'abord le surgissement du fond du monde en tant qu'individuation préalable par rapport aux ordres symboliques de l'expérience humaine du monde, conception inspirée de Fink et de Merleau-Ponty, dont on peut distinguer deux figures encore, l'une qui prolonge la démarche phénoménologique classique jusqu'aux abords d'une phénoménologie du *tout* du monde, l'autre qui part d'une tentative pour mettre en évidence une corrélation entre le mouvement corporel de l'existence et l'émergence de l'étant en tant que possibilité donnée à ce mouvement. Ces deux figures, entre lesquelles Patočka n'élabore jamais de rapport systématique, nous apparaissent pourtant comme complémentaires. Visant, d'une part, à pousser le plus loin possible la recherche des conditions asubjectives de l'apparaître et, d'autre part, à dégager l'origine du centrage de l'apparaître qui forme un monde humain environnant à partir, non pas des actes d'une conscience, mais de l'action d'un corps vivant, ce sont, nous semble-t-il, les deux faces d'un même dynamisme qui constituerait un caractère essentiel du monde naturel, la donation de l'étant qui, en tant que donation, est le seul invariant du monde. C'est du reste pourquoi Patočka qualifie, dans un certain contexte, le monde naturel de « monde pré-historique ». Il s'agit là d'un autre dynamisme de l'apparaître, dynamisme historique qui renvoie à l'historicité de la compréhension de l'être, sinon à l'histoire de l'être. C'est un autre aspect, impliqué dès le départ dans la constellation de la philosophie phénoménologique de Patočka qui se veut à la fois philosophie du monde naturel et philosophie de l'histoire. L'entrelacement de ces deux aspects est thématisé dans les derniers textes du philosophe, notamment dans le premier des *Essais hérétiques*[1], ces « Considérations pré-historiques » dont une

1. EHPH, p. 21-56.

seconde version [1] porte le sous-titre « La question du monde naturel et le monde sans question ».

Vers l'ouvert du champ phénoménal

Voyons maintenant rapidement ces trois figures de la thématisation de l'apparaître, dont chacune renvoie à un autre contexte : 1) le débat avec la pensée cosmologique de Fink dans l'article « Le tout du monde et le monde de l'homme » et les manuscrits et notes de travail qui s'y rattachent; 2) le débat avec la conception heideggérienne de la compréhension et de l'histoire de l'être; 3) l'apparaître en tant que surgissement des possibilités de l'action corporelle, question traitée avant tout dans un manuscrit du début des années 1970, en allemand et en tchèque, que les éditeurs tchèques ont intitulé « Corps, possibilités, monde, champ d'apparition » [2].

Vers une phénoménologie du tout du monde

La première manière de saisir l'ouverture du monde phénoménologique en tant que champ phénoménal affirme et cherche à montrer qu'il s'agit là d'une simple manifestation d'un monde plus profond, par essence invisible. Introduisant une autre dimension dans le concept statique d'*a priori* phénoménologique, qui saisit le champ de l'apparaître à travers sa structure, cette démarche se sert encore de moyens phénoménologiques. Patočka admet qu'une réflexion cosmologique pourra, voire devra prendre la relève de la réflexion phénoménologique. Il indique sa propre manière d'opérer ce passage. Il veut partir de la donation phénoménologique particulière de l'espace dont il a déjà été question et qui est à présent mis en évidence comme une donnée phénoménologique possible, « qui renvoie à la totalité une et originaire [3] ». Chez Kant cependant, cette évidence n'a pas de signification cosmologique, l'espace demeure exclusivement « la première pierre de la synthèse d'expérience subjective-phénoménale [4] », là où

1. Patočka a lui-même traduit en allemand, en vue d'une publication en Pologne, les trois premiers essais, traduction qui représente de fait une nouvelle version, revue et augmentée. Voir PoD-III, p. 517-586.

2. *Vom Erscheinen...*, p. 87-100; trad. fr., PP, p. 117-129.

3. « Le tout du monde et le monde de l'homme », MNMEH, p. 265.

4. *Loc. cit.* (trad. mod.).

Patočka y voit un passage possible au monde en tant que fondement asubjectif de la phénoménalité, à ce qu'il appelle le tout du monde (*Weltganzes*). À l'encontre de Fink, Patočka refuse de scinder rigoureusement les deux modalités de l'apparaître en une apparition déterminée comme formation dans le cadre d'une autre formation, un « apparaître-à-moi », d'une part, et, d'autre part, « l'ajointement préalable, nécessaire, qui ne se manifeste pas en lui-même mais seulement dans les choses » et « qui est ainsi le fond obscur (car indéterminé) du monde » [1]. Patočka adopte ici un concept de monde essentiellement obscur, car indéterminé, « qui détermine tout et règne sur tout [2] ». On peut voir là une ouverture de l'*a priori* du monde phénoménologique par une figure du monde en tant que fond indéterminé par rapport auquel l'espace et d'autres moments de la structure de l'apparaître-à-moi, en tant qu'ils représentent « un ensemble pour ainsi dire achevé », comme une sédimentation, ne sont qu'un « profil instantané » [3]. L'*a priori* du monde phénoménologique en tant que structure de l'apparaître est l'ensemble justement constitué en tant que manifestation du fond qui, lui, est indéterminé. On pourrait voir dans cette figure – c'est ce qui nous intéresse ici – une manière de rouvrir la clôture de l'*a priori* phénoménologique, de rendre à l'apparaître sa spontanéité autonome, indéterminable *a priori*. Or, Patočka insiste précisément sur le caractère unique de l'apparaître comme tel, il y a pour lui *un* apparaître, le rapport des deux mondes en étant un de fondation réciproque.

> Dans le fond du monde sont raccordés, d'une part, les touts partiels qui se fondent réciproquement – le temps, l'espace, le mobile et le mouvement. De l'autre, il s'y présente également des fondations unilatérales qui sont néanmoins en rapport à ce fond du monde – c'est ce dont témoigne le mieux l'apparaître-à-moi. Certes, le tout du monde peut être représenté sans l'apparaître-à-moi; rien dans son existence ne requiert un *centre* auquel il apparaisse. [...] La réalité effective du monde est indépendante de l'existence de pareils centres. Pourtant, il existe de fait un rapport, structuré dans le moindre détail, entre l'apparaître-à-moi et le monde, entre l'apparaître-à-moi et le fond même du monde [4].

1. *Ibid.*, p. 266.
2. *Loc. cit.*
3. *Loc. cit.* : « Pourtant, c'est précisément en tant que profil instantané, en tant qu'elle représente une synchronie du tout de l'*espace-temps*, un ensemble pour ainsi dire achevé et, partant, effectivement réel, que la totalité de l'espace fournit un point de départ approprié. »
4. *Ibid.*, p. 269.

S'il est vrai que l'apparaître-à-moi « est une dimension du monde [1] », il n'en est pas moins possible de passer de cette partie du monde au monde comme tel. Le passage au tout du monde s'opère à même l'apparition; en effet, « loin d'être distinct de l'apparition », le tout du monde « *est* l'apparition elle-même » [2], l'être du monde en tant que tout est le phénomène ou, pour dire la même chose autrement : la tâche de la phénoménologie du tout du monde est, selon Patočka, précisément de « rendre les phénomènes mêmes transparents à la totalité une, présente en eux [3] ».

L'avantage de cette démarche est évident : la portée de la méthode phénoménologique s'élargit bien au-delà des limites que Fink lui assignait. Ce qui, pour Fink, est un fond obscur, par essence invisible, chez Patočka devient phénoménologiquement visible : dans l'*a priori* de l'apparaître, tel qu'il s'articule autour de l'apparition des choses dans un champ phénoménal, se reflète d'une certaine manière le non-apparaissant lui-même. Le tout du monde, dans son ajointement fondamental, se reflète lui-même dans le miroir de la structure de l'apparaître du monde humain [4]. L'ambiguïté de cette solution du problème de l'apparaître comme tel est manifeste : d'une part, ce caractère de miroir libère l'*a priori* de l'apparaître de sa formalité et de sa rigidité, il devient plus dynamique, plus profond, tout en demeurant, d'autre part, un *a priori*, une structure de notre monde qui prédétermine l'accès à l'apparaître comme tel. La limitation de l'apparaître à ce qui est

1. « Le tout du monde et le monde de l'homme », MNMEH, p. 269.

2. « Weltform der Erfahrung und Welterfahrung », *Vom Erscheinen*..., p. 114; trad. fr., PP, p. 224.

3. « Le tout du monde et le monde de l'homme », MNMEH, p. 272 (trad. mod.). Patočka nous assure ici qu'« une telle phénoménologie n'est pas une métaphysique qui aspire à découvrir un "monde vrai" derrière les phénomènes » (*loc. cit.*), car l'apparaître, comme le monde aussi, est un. Dans *Platon et l'Europe* cependant, dont les leçons sont quasiment contemporaines de l'essai sur « le tout du monde », il dit bien qu'un univers sans phénomène est pensable et, partant, possible, et que le phénomène, du moment qu'il existe, détermine d'une certaine manière la réalité elle-même. L'étant naturel n'a pas la faculté de se montrer de soi-même, il se montre grâce à la sphère phénoménale, qui n'est là qu'avec l'être humain. L'homme n'est pas le créateur de cette sphère, mais un être exposé au phénomène. Un être à qui la nature finie de la sphère phénoménale n'est pas entièrement cachée et qui, pour cette raison, est un être historial. La réflexion, c'est-à-dire la philosophie, commence avec le savoir qu'a l'homme « que son domaine phénoménal a une fin » – cf. PE, p. 23-45, notamment p. 43.

4. Voir H. R. Sepp, « Patočka als Phänomenologe », dans L. Hagedorn et H. R. Sepp (dir.), *Jan Patočka : Texte – Dokumente – Bibliographie*, Fribourg/Munich, Alber, 1999, p. 35.

visible en tant que champ phénoménal, monde phénoménologique, marque aussi, nous semble-t-il, la limite de cette solution du problème. D'aucuns, en France, ont parlé à ce propos de l'aporie d'une « clôture phénoménologique [1] » là même où cette philosophie veut s'ouvrir à la spontanéité de la donation, ce qui n'empêche pas ceux d'entre eux qui demeurent phénoménologues de s'attaquer toujours à la tâche impossible de saisir la donation comme telle, ce qui se donne de soi-même et n'obéit à aucune autre loi, à aucun autre *a priori* que ceux qu'il institue par son surgissement. Dans cette optique aussi, Patočka prête le flanc à la critique dans la mesure où il assigne à la phénoménologie la tâche d'interroger l'apparaître comme tel; il veut transformer la phénoménologie classique à partir de cette tâche, mais les moyens qu'il propose pour la résoudre ne sont pas adéquats.

Plus précisément, Patočka a peut-être tort d'insister sur la figure de la fondation, du dévoilement du fondement dernier de l'apparaître, qui sans doute ne peut pas être abordé ainsi. Dans des pages d'« introduction » adjointes par ses éditeurs posthumes à l'un de ses derniers textes, « Qu'est-ce que la phénoménologie? » [2] (rédigé en 1976), il met aussi le doigt sur ce qui nous y paraît problématique. Affirmant d'entrée de jeu sa volonté de « partir [...] des choses telles qu'elles apparaissent et se montrent », de « [s]'en tenir au se-montrer des choses en [s']abstenant de toute spéculation » [3], Patočka dit pourtant aussi vouloir opérer la synthèse des deux réponses, radicalement différentes, à la question du fondement dernier de l'apparaître de l'apparaissant, question qui est, selon ses propres termes, « la problématique fondamentale de la phénoménologie [4] ». De toute évidence, il reste captif de la manière de poser la question qui se met en quête du *fondement dernier* de l'apparaître, au lieu de s'en tenir à la manifestation comme telle. Nous verrons dans ce qui suit qu'il en va de même de sa réception de la conception

1. On peut renvoyer ici, de façon générale, à J. Derrida, J.-L. Marion et J. Benoist, dont les travaux traitant de la phénoménologie classique ont inspiré cette critique, bien que le mot « clôture » n'y figure pas toujours explicitement. Va dans le même sens la critique formulée également par M. Petříček dans un texte intitulé « Patočka : histoire, phénoménologie » (« Patočka : dějiny, fenomenologie », *Reflexe*, 1994, n° 12, p. 2.1-2.11).

2. Le texte même de l'article ne développe plus la perspective, propre à Patočka et qu'il a esquissée auparavant à plusieurs reprises, d'une phénoménologie en tant que doctrine de l'apparaître comme tel. Voir « Qu'est-ce que la phénoménologie? », QPh, p. 263-302.

3. *Ibid.*, p. 265.

4. *Ibid.*, p. 264.

heideggérienne, dont le premier des *Essais hérétiques* offre un bref aperçu.

Vers l'ouvert de la compréhension de l'être

Un autre chemin vers l'apparaître comme tel prend son départ dans l'identification du champ phénoménal avec la compréhension de l'être. Cette identification est explicite dans le premier des deux textes qui traitent de la possibilité d'une phénoménologie asubjective :

> Dans le projet de la sphère phénoménale, c'est l'être qui offre à tout étant la clarté de *son* espace. C'est dire que l'étant n'est pas aliéné à lui-même en entrant dans la sphère phénoménale. [...] La sphère phénoménale projette l'étant possible par rapport au *sum* [1].

Patočka se réfère ici au Heidegger de la *Kehre* pour parer au danger d'une subjectivation de la conception du monde en tant qu'ensemble de significations projetées par le *Dasein*, et il attribue la phénoménalisation, c'est-à-dire la donation de l'étant à travers les apparitions, à l'être lui-même qui, « dans le *sum*, entre en mouvement et dans la lumière de l'*energeia* (*in Bewegung und lichtende Wirksamkeit*) [2] ». Dans le second texte, sur l'exigence d'une phénoménologie asubjective, il pousse plus loin encore cette identification de la compréhension de l'être comme tel avec le champ phénoménal. « Il y a un plan phénoménal que Heidegger nomme la "compréhension de l'être" [...]. Ce plan phénoménal est [...] un champ qu'il nous faut présupposer comme fondement de toute clarté [3]. » Là aussi, l'apparaître comme tel perd son autonomie au profit du règne irrésistible de l'être même : « le phénomène comme tel », c'est « la compréhension de l'être » [4].

Dans le premier de ses *Essais hérétiques* Patočka résume d'abord les résultats du questionnement sur le monde naturel entrepris et par les phénoménologues et dans la littérature préphénoménologique. La solution heideggérienne du problème de l'apparaître qu'il expose ici comme question du monde naturel est la suivante : « l'apparition est

1. « Le subjectivisme de la phénoménologie husserlienne et la possibilité d'une phénoménologie "asubjective" », QPh, p. 212-213.

2. *Ibid.*, p. 214.

3. « Le subjectivisme de la phénoménologie husserlienne et l'exigence d'une phénoménologie asubjective », QPh, p. 247.

4. *Ibid.*, p. 248.

médiatisée par l'être [1] », elle ne peut être expliquée au moyen de l'étant, que celui-ci soit chose ou sujet. L'étant, pour apparaître, est toujours déjà dépassé par la transcendance de l'homme vers un tout de la compréhension de l'être ; c'est à partir de celui-ci que se déploie « le monde ambiant, le monde ouvert et naturellement sans retrait [2] », le monde donné : « le phénomène du monde le plus originaire [3] », selon les termes de Patočka qui ajoute que c'est cette solution du problème repris à Husserl, la solution du « problème de la donation originaire [...] de l'étant [4] » à partir de la donation de l'être, qui est la plus satisfaisante. Deux voies s'ouvrent dès lors à la philosophie : 1) celle de l'interprétation de l'être en tant que fondement, voie dans laquelle l'être se perd dans sa pureté et sa différence d'avec l'étant ; et 2) celle, radicalement opposée, qui opère un retour, non pas à ce qui est manifesté, dévoilé et découvert, mais à ce qui dévoile, à ce qui montre, la voie vers l'*Ereignis*, l'événement de la donation de l'être [5].

Or, attendu que cette voie aussi conduit à « un espace-du-monde (*Weltraum*) de la présence [6] » qui donne à tout ce qui peut être présent son lieu de présence, attendu qu'elle conduit donc derechef le penseur à une sorte de condition *a priori* de l'apparaître, *a priori* qui est cette fois le monde au sens ontologique, peut-être peut-on reprendre la question critique esquissée tout à l'heure au sujet de la fondation cosmologique de l'apparaître et de sa refonte phénoménologique chez Patočka : dans quelle mesure s'agit-il, là encore, d'une recherche phénoménologique, qui s'en tient à la donation concrète pour y découvrir les conditions ontologiques de l'apparaître comme tel ? Comment, d'autre part, une telle interrogation du don de l'être (*Gabe des Seins*), interrogation qui est à la fois historique et systématique, échappe-t-elle à la critique de la clôture du champ phénoménal dans la figure de l'ouverture même qu'elle prône ?

1. « Vor-geschichtliche Betrachtungen » (version allemande, remaniée, du premier des *Essais hérétiques*), PoD-III, p. 523. Le passage cité ici s'insère avant le paragraphe qui commence à la ligne 10 de la p. 27 de la dernière édition française.

2. *Loc. cit.*

3. *Loc. cit.*

4. EHPH, p. 28.

5. « Vor-geschichtliche Betrachtungen », PoD-III, p. 526. Le passage dont la citation est extraite remplace le paragraphe qui commence à la ligne 20 de la p. 29 de la dernière édition française, ainsi que les trois suivants.

6. *Ibid.*, p. 527.

Cette deuxième critique a été adressée à l'œuvre de Patočka par Miroslav Petříček. L'« ouverture » du champ phénoménal par la donation de la compréhension de l'être même ressortit à une « structure » que Petříček qualifie de transcendance dans l'immanence, dans la mesure où l'ouverture en constitue toujours un moment [1]. Or, nous venons de voir que le fondement cosmologique de l'apparaître est intégré dans la structure de l'apparaître-à-moi, soit dans la structure d'une immanence au sens large du terme, définie chez Patočka par « le phénomène du monde le plus originaire », autrement dit par l'*a priori* du monde phénoménologique. La critique de Petříček semble s'appliquer également à la sorte d'« historisation » de la sphère de l'apparaître qu'on trouve résumée ainsi dans le premier des *Essais hérétiques* :

> L'ouvert n'est pas identique à l'univers de l'étant ; il est ce qui, *à telle ou telle époque*, peut être mis à découvert en tant qu'étant. C'est dire : il est le monde d'une période déterminée, si l'on conçoit le monde comme la structure de ce *en tant que* quoi l'étant peut se manifester à l'homme de telle époque [2].

Patočka met en garde contre l'unification trop hâtive des deux approches, l'herméneutique et la phénoménologique. Il note que « l'apparition elle-même est historique, et ce de deux manières : comme découvrement des étants et surgissement des structures d'être qui ellesmêmes ne peuvent s'ouvrir que dans une histoire [3] ». Dans la solution proposée par Heidegger, solution qui implique au bout du compte l'unification de l'histoire et de l'apparaître par la compréhension de l'être et de son surgissement dans l'*Ereignis*, il y a quelque chose que Patočka n'accepte pas et qui le laisse insatisfait par rapport aussi bien à la philosophie heideggérienne de l'historicité qu'à la solution du problème de l'apparaître dont nous venons de lire le résumé. Heidegger a omis d'analyser une partie du problème de l'apparaître, pourtant indispensable tant à la compréhension de l'historicité du monde qu'à la saisie de son apparition originaire.

Dans les deux versions du texte du premier des *Essais hérétiques* traitant de la question du monde naturel, Patočka critique la solution heideggérienne tout en reconnaissant que « le concept d'ouverture [est] jusqu'à présent le fondement le plus apte à servir d'appui [4] » à celui

1. M. Petříček, « Patočka : dějiny, fenomenologie », p. 2.8.
2. EHPH, p. 30.
3. *Ibid.*, p. 33.
4. *Loc. cit.*

qui voudrait y proposer une réponse. La réponse de Heidegger est problématique dans la mesure où celui-ci aborde l'apparaître et l'histoire du monde dans la seule optique de la compréhension de l'être, soit d'un mouvement spirituel de l'homme, au lieu qu'il y a d'autres mouvements de l'esprit et surtout d'autres mouvements plus primitifs, voire peut-être plus originaires, qui ont leur source dans l'existence corporelle de l'homme vivant au monde. On entrevoit là une donation de l'être qui n'est pas fondée dans, mais co-originaire avec la compréhension de l'être.

Peut-être pourrait-on parler d'une double origine de l'accès au monde et, partant, d'une double phénoménologie de l'être-au-monde, l'une liée au corps vivant, l'autre au mouvement historique et historial de l'esprit. Il est important de noter que les deux perspectives se présupposent l'une l'autre. C'est ce que nous essaierons de montrer brièvement dans la construction patočkienne de l'historicité avant de revenir, pour conclure, au problème de l'apparaître.

L'essor de l'esprit, à même d'instituer au monde une nouveauté historique et, par là, d'inaugurer une suite d'événements, bref, de codéterminer l'histoire, n'est possible que sur le fondement d'un ébranlement du sens donné, du monde naturel. Selon Patočka, la donation de ce qui va de soi de manière non problématique n'est pas fondée uniquement dans l'interprétation quotidienne du monde ; plus profond et plus intime, notre rapport au monde est rendu effectif par l'adhésion au monde du corps vivant. Le drame de l'historicité humaine consiste dans la confrontation avec la perte de cette donation, de ce rapport naturel, et dans la nécessité d'une institution symbolique de sens censée le restituer. Patočka sait fort bien que l'histoire n'est pas donnée, qu'elle découle toujours à nouveau des actes de l'esprit humain qui assume la tâche impossible de restituer quelque chose de « naturel ». Point de départ de la compréhension de la finitude de l'être et de l'histoire, la perte du sens est à la fois le point de départ et le présupposé du regard phénoménologique qui se libère, dans l'*epokhê*, pour une thématisation de l'apparaître comme tel. Cela dit, il s'agit de deux choses bien distinctes. De là, la dualité des perspectives : l'une qui porte sur la vie dans le monde donné, l'autre qui thématise son dépassement par le mouvement de l'esprit, correspondant à la double originarité de la donation du monde, effectuée à travers le corps vivant, et de la donation de la compréhension de l'être par l'esprit. Patočka maintient les deux perspectives, et sa philosophie se scinde en une philosophie du monde naturel et une philosophie de l'histoire, orientations de la réflexion qui, à notre avis, ne trouveront jamais la fondation commune visée par le philosophe, du moins dans ses textes programmatiques du début des années 1970. Elles ne pourront pas la trouver, car la construction de l'historicité, qui est l'une des constantes de sa philosophie, requiert justement la dualité de la donation naturelle et de son dépassement. L'essor de l'authenticité de l'esprit, la compréhension authentique qui fait de l'homme un être historique et historial, présuppose un ébranlement du sens donné avec l'enracinement corporel dans le monde sensible.

L'ouverture du champ phénoménal par le caractère à-venir des possibilités d'action du corps

Revenons maintenant à la première piste suivie dans cette étude : celle d'une philosophie du monde naturel qui étudie la corrélation entre le mouvement du corps vivant et l'émergence des possibilités d'action qui se présentent à lui. C'est, croyons-nous, précisément le caractère spécifique de cette effectuation de l'action sur fond du champ phénoménal qui mérite l'attention du phénoménologue qui – selon le mot d'ordre de Patočka, déjà cité – veut tenter de « partir [...] des choses telles qu'elles apparaissent et se montrent », de « [s]'en tenir au se-montrer des choses en [s']abstenant de toute spéculation ».

Sur le chemin d'une telle fondation de l'apparaître, qu'il veut partager avec Fink et Heidegger, Patočka découvre d'autres voies, peut-être plus fécondes. Au début des années 1970, il essaie d'opérer une synthèse de ses propres développements concernant, d'une part, l'existence humaine en tant que mouvement et, d'autre part, la question de l'apparaître originaire de l'apparaissant. Il questionne en direction du surgissement spontané du phénomène en tant que possibilité d'action sur fond de monde. Le champ phénoménal est ainsi abordé en tant que champ des possibilités de l'action du corps-réalisateur. Le « je peux » du moi corporel n'existe qu'avec les possibilités advenantes. Leur advenir caractérise l'apparaître en tant que tel.

> Le monde – champ ouvert de possibilités ; ouvert par qui ou par quoi ? [...] La possibilité est toujours un pluriel, exclusif. *Dans moi-même* je ne trouve ni exclusivité ni pluralité, ce sont les choses de la tournure qui, dans leurs caractères pluriels, *me* montrent à moi comme être-possible, au travers de la réalisation (par le corps !). Ce n'est donc pas mon être-possible qui fait les possibilités, mais mes possibilités, avec les complexes de renvois dans lesquels elles apparaissent, sont données par le *spatium*

> fondamental du possible – par l'avenir –, c'est-à-dire par le *négatif*, le *pas-encore* en tant que tel [1].

C'est une approche originale, qui tente de répondre à la question de l'ouverture du champ phénoménal et, par là, à la question de l'apparaître en tant que tel. Patočka rejette la solution selon laquelle il s'agirait de la compréhension au sens d'une projection (*Entwurf*) d'un ensemble de possibilités et de leur hiérarchie. C'est plutôt le surgissement des phénomènes, l'advenir des phénomènes en tant que celui de nos possibles, qui a pour conséquence la formation d'un tel ensemble hiérarchisé. Par ailleurs, cette formation, en tant que réponse de la part du corps-sujet, présuppose une capacité de celui-ci de com-prendre des possibilités comme siennes. Une corrélation de la donation phénoménale et de la compréhension corporelle entre en jeu dans l'ouverture du champ phénoménal qui se ré-installe, se r-assemble et se ré-articule à chaque nouvelle possibilité d'action assumée par le corps vivant. Toutefois, la corrélation est pensée ici sur fond d'un *spatium* du possible. C'est dire que l'apparaître conserve ici un fondement dernier : le monde. L'apparaître est ainsi saisi entre le pur surgissement des possibilités dans leur advenir, ce qui nous paraît l'approche la plus prometteuse, et le fondement de cette donation, le monde en tant qu'avenir, une fondation de l'apparaître pensée sans doute avec le dernier Heidegger contre l'auteur de *Sein und Zeit* :

> Contre Heidegger : il n'y a aucune *projection* primaire de possibilités – le monde n'est pas un produit de la liberté, mais simplement ce qui *rend possible* une liberté finie. Le monde est l'instance universelle de l'apparition, le plan d'apparition universel. […] Le temps comme à-venir est l'essence du monde – l'être comme totalité de possibilités advenant-à-nous, qui ouvre notre *situation* et, en elle, les autres choses. Je n'ouvre pas mes possibilités, mais *ma situation* à la lumière des possibilités qui *se* déclosent [2].

S'il est vrai que, dans l'œuvre du dernier Patočka, qui nous intéresse ici, comme dans ses premiers travaux phénoménologiques, la donation originaire du monde sensible (les possibilités qui se déclosent par elles-mêmes), d'une part, est à distinguer de la compréhension de l'être par l'esprit, d'autre part, comme deux moments qui s'impliquent et

1. « [Leib, Möglichkeiten, Welt, Erscheinungsfeld] », *Vom Erscheinen*..., p. 91 ; trad. fr., PP, p. 120-121.
2. *Ibid.*, p. 92-93 ; trad. fr., p. 122.

se présupposent l'un l'autre, ce manuscrit offre une nouvelle formulation de ce rapport. Le rapport nous apparaît ici comme complémentaire : l'ouverture du champ phénoménal s'opère par la donation des possibilités advenantes de l'action qui possède son autonomie propre, irréductible à la projection d'une compréhension. Or, cette donation advient pour Patočka dans « le *spatium* du possible », dans le monde au sens du fondement du phénoménal. Ce fondement, il l'interprète de manière spéculative comme un inépuisable, un mystère. Une manière métaphysique, dira-t-on – et on n'aura pas tort –, de rendre compte de l'ouverture de l'apparaître comme tel.

> Pourrait-on parler ici du *non-aliud*, de l'*indéfini* qui n'est jamais à épuiser dans l'étant défini ? l'in-défini, non pas comme l'absolu *inattingible*, mais comme celui qui nous répond en permanence et rend possible l'apparition en tant que telle [...] Le monde, comme celui [comprendre : l'absolu] des anciens – *non-* – non-*aliud*, inépuisable, négatif, mystère, voilé [1].

Dans ce passage du manuscrit, on discerne sans peine le point commun de cet *Ansatz* avec celui de la « phénoménologie » du tout du monde dont nous avons déjà traité. On notera que le caractère spéculatif du passage du champ phénoménal au monde en tant que fondement de l'apparaître est ici plus clairement souligné.

Par cette esquisse d'une phénoménologie du champ phénoménal, Patočka revient, d'une part, dans le contexte nouveau mis en place par l'ébauche d'une phénoménologie asubjective de l'apparaître en tant que tel qu'il a tentée au début des années 1970, aux recherches sur le corps propre et son mouvement qu'il effectuait au cours de la décennie précédente sous l'influence explicite et avouée d'un certain courant de la philosophie française, notamment celui de la pensée phénoménologique [2]. De là, l'accent mis sur la corporéité de l'être auquel l'apparaître s'adresse. D'autre part, il renoue aussi avec l'investigation du fondement dernier de l'apparaître et du phénoménal en tant que tels par une philosophie phénoménologique qui conserve délibérément certains traits métaphysiques. Quant à la synthèse ébauchée dans le texte que nous venons d'évoquer, synthèse non métaphysique de l'étude des « mouvements » du

1. « [Leib, Möglichkeiten, Welt, Erscheinungsfeld] », Vom Erscheinen..., p. 92 ; trad. fr., *loc. cit.*

2. Patočka le dit lui-même dans un cours professé à l'Université Charles de Prague en 1968. Voir *Tělo, společenství, jazyk, svět*, p. 52 ; BCLW, p. 69-70. Cf. aussi, en français, « La phénoménologie du corps propre », MNMEH, p. 154.

corps propre qui, dans les travaux des années 1960, ne s'était pas encore affranchie d'une certaine perspective subjective[1], et du projet d'une phénoménologie asubjective formulé au début des années 1970, tel que nous l'avons esquissé brièvement ici, elle demeure, à notre avis, un projet réservé à l'avenir. Projet qui, en tout état de cause, exigera sans doute une refonte radicale des points de départ de la phénoménologie « classique ».

1. Cf. P. Ricœur, « De la philosophie du monde naturel à la philosophie de l'histoire », p. 196.

DEUXIÈME PARTIE

VERS LA TRANSCENDANCE DE L'ÉBRANLEMENT

CHAPITRE IV

LIBERTÉ ET HISTORICITÉ

Dans un de ses premiers textes publiés, une brève notice critique de 1933 au sujet du « platonisme politique »[1], Patočka cite, en parlant du renouveau de la vie par l'existence spirituelle ou philosophique, qu'il défend précisément chez Platon, un article de 1923 dans lequel Husserl définissait la fonction de la philosophie comme celle d'instituer « *ein universales und letztrationales Selbstbewußtsein der Menschheit* [...], *durch welches sie auf die Bahn echter Menschheit gebracht werden soll*[2] ». L'article fait partie d'une série de textes sur le renouveau, thème destiné à occuper une place centrale dans l'œuvre de Patočka lui-même, qui vit alors, à vingt-six ans, accueilli à Fribourg par Husserl et Fink comme boursier de la fondation Humboldt, la période la plus intense de sa vie de philosophe. C'est à ce même moment que Husserl reprend et développe dans une perspective historique ses réflexions sur l'humanité authentique. Les nombreux textes qui tournent autour de la crise de l'humanité européenne, dont les racines et les remèdes lui paraissent liés à la mise en œuvre de la raison théorique, deviendront sa philosophie de

1. J. Patočka, « Platonism a politika », *Česká mysl*, 29 (1933), nº 3-4, p. 236-238; repris dans PoD-I, p. 22-25. Le lecteur français pourra consulter la traduction anglaise d'E. Manton dans *Living in Problematicity*, Prague, OIKOYMENH, 2007, p. 13-17.

2. E. Husserl, « Die Idee einer philosophischen Kultur », *Japanisch-deutsche Zeitschrift für Wissenschaft und Technik*, I (1923), nº 2; repris par R. Boehm dans le volume VII des Husserliana (*Erste Philosophie [1923-1924]*, vol. 1, La Haye, M. Nijhoff, 1956), p. 205 : « une conscience de soi universelle et ultimement rationnelle de l'humanité [...] par laquelle elle serait à amener dans la voie d'une humanité authentique ».

l'histoire. Dans ce cadre, Husserl croit le renouveau de la vie humaine possible à travers une autodétermination de la raison pratique fondée sur la vie dans la vérité, soit, au bout du compte, grâce à un impératif catégorique de la rationalité authentique.

Patočka s'écarte de la perspective husserlienne en argumentant expressément, dans ses premiers travaux sur l'histoire et l'historicité, contre tout intellectualisme de la raison pure. Pour autant, son propos n'est pas un plaidoyer pour un renouveau purement vital, qui ignorerait la responsabilité à la fois individuelle et collective qui incombe à l'être humain. Ce qui se dessine tout au long du trajet philosophique de Patočka, c'est plutôt une opposition entre la vie pure et simple et l'existence spirituelle, se résumant dans le mot d'ordre de « la vie dans la vérité » qu'il partage avec son maître Husserl.

L'HISTORICITÉ DE L'HOMME

Au vu des textes, il semblerait cependant que Patočka, en pensant cette opposition entre la vie nue et la vie dans la vérité, s'inspire plus encore de l'autre grand penseur qu'il a pu rencontrer à Fribourg. Déjà le premier article qu'il consacre au problème de l'historicité – les « Quelques remarques sur les concepts d'histoire et d'historiographie » publiées en 1934[1] – en témoigne clairement. Il esquisse là pour la première fois une approche philosophique de l'histoire à partir d'une réflexion sur l'historicité de l'existence humaine, thème central de la « philosophie de l'histoire » qui lui apparaîtra dans les années 1970 encore comme un lieu de réflexion privilégié, encore que non exclusif, sur la finitude et la liberté de l'existence revendiquant une idée de l'esprit libre et fini. Ce rapport entre la liberté et l'historicité de l'existence spirituelle est caractéristique de l'ensemble de sa philosophie. Le thème de l'historicité retiendra donc notre attention en tant qu'axe spécifique de réflexion, opposé en quelque sorte à celui tracé par la réflexion, non moins fondamentale, sur la donation du monde, et le corps comme donataire, qui se place dans le prolongement de la phénoménologie husserlienne, dans le cadre de la révision critique que nous avons abordée dans les pages qui précèdent.

Le principe de la liberté historique semble lié chez Patočka à l'idée du renouveau de la vie, conçu comme passage du train-train quotidien de la

1. Voir *supra*, p. 13, note 1.

« vie pure et simple » à l'état vigile, c'est-à-dire à l'authenticité de l'existence que nous sommes sommés d'assumer dans sa finitude conflictuelle. Ce passage s'effectue dans une double expérience de la finitude, car nous ne pouvons expérimenter nos propres limites sans faire en même temps l'expérience de ce qui nous englobe, de l'infini, du tout en tant qu'horizon ultime de l'existence : le renouveau du sens de l'existence va de pair avec la réappropriation et le renouveau du sens englobant, donné seulement pour et par la liberté de l'esprit fini. Jusque-là, Patočka ne s'éloigne pas de Husserl, quoique les termes et les thèmes avec lesquels il travaille soient empruntés à Heidegger. Sa démarche ne l'en conduira pas moins, dès ce texte de 1934, à une opposition implicite vis-à-vis de Husserl, voire à une différence assumée, qu'il ne répudiera jamais et ne cessera d'approfondir jusque dans ses *Essais hérétiques*. Nous parlerons donc ici de la genèse d'une hérésie, celle de la distance prise vis-à-vis de la philosophie de Husserl, dans et malgré la proximité, dans ce que Patočka pense sous le titre de « philosophie de l'histoire ».

Patočka aborde en 1934 le thème de l'histoire à travers la discussion et le refus du formalisme d'un modèle rationaliste où la science historique n'aurait d'autre but que d'élargir l'empire du compréhensible comme « déléguée de la puissance impersonnelle, supratemporelle et désintéressée de la raison [1] ». Ne faut-il pas, demande-t-il, voir plutôt dans l'histoire un « appel adressé à la raison, l'engageant à se connaître elle-même et à reconnaître sa limite [2] » ? Dans l'histoire, en effet, la finitude de notre compréhension est évidente. Il y a là quelque chose qui résiste à l'impérialisme de la raison, à la « panarchie du *logos* [3] ».

Ceux qui prétendent à « l'intuition parfaite de l'histoire [4] » passent à côté du problème, qui est de questionner la manière d'être de la réalité humaine. Marquées par un « intellectualisme qui dévie le flux temporel ouvert de l'histoire vers l'intemporel », toutes les tentatives pour définir l'intérêt de l'histoire, « loin de faire apparaître le phénomène lui-même, [...] ont leur source dans une interprétation extrinsèque » [5]. Comment

1. « Quelques remarques sur les concepts d'histoire et d'historiographie », EE, p. 139.

2. *Ibid.*, p. 140. La question, qui peut être entendue comme une critique de l'intellectualisme, vise également un aspect de la phénoménologie de Husserl. Voir aussi le compte rendu de la première partie de la *Krisis* publié par Patočka en 1937 (*Česká mysl*, 33 [1937], n° 1-2, p. 98-107) et repris dans FS-I, p. 366-378; le lecteur français pourra consulter la traduction allemande dans BME, p. 470-485.

3. *Ibid.*, p. 139.

4. *Ibid.*, p. 143.

5. *Loc. cit.*

acquérir « du dedans » un accès à ce qu'est l'histoire sans la ramener à un « intemporel » ?

Le premier pas esquissé par Patočka consiste à comprendre que l'enjeu du rapport de l'homme à l'histoire est le concept même de réalité. C'est la recherche du sens du réel qui unit les différents aspects de l'intérêt de l'homme pour l'histoire. L'histoire, science du passé, est pourtant « la science du réel par excellence [1] ». Le deuxième pas s'ensuit : le passé n'est réel qu'en tant qu'il nous intéresse, voire nous fascine, en tant qu'il nous adresse la parole d'une manière ou d'une autre, même s'il est clair en même temps qu'il est, en tant que passé, soustrait aux possibilités de notre action :

> L'histoire est toujours pour nous – c'est dire : est effectivement réelle en nous – en tant qu'aspect d'une objectivité qui s'est définitivement soustraite à notre pouvoir actif, aspect qui n'est pas pour autant indifférent, qui n'est pas purement théorique, mais se fonde dans un pathos aux formes multiples [2].

Puisque l'histoire est ainsi « en nous », partie intégrante de notre existence, quand bien même nous n'en disposons pas, la question de l'histoire renvoie nécessairement à la compréhension de soi de l'être humain : « Qu'est-ce que l'histoire ? La question pose d'autres questions : Qu'est-ce que l'homme ? Qu'est-ce, chez l'homme, qui rend l'histoire possible [3] ? »

Que signifie pour l'homme sa propre humanité, son être-homme ? Patočka nous dit que c'est d'abord le savoir qu'il a d'être au monde. Nous comprenons toujours les singularités grâce à un contexte qui les fait apparaître et qui renvoie en dernière analyse à un horizon englobant : le monde. Au centre de ce complexe de relations concrètes, reliant les choses entre elles, il y a le pouvoir-faire humain. Cette possibilité est essentielle pour « l'être-au-monde », car avec elle est « donnée aussi la distance à l'égard de la situation qui fait que [l'homme] se *comprend* lui-même et les choses [4] ».

Le fait d'être en tant que compris ne veut pourtant pas dire que l'homme soit une conscience, une chose, une donnée accessible à une réflexion psychologique, à un acte d'objectivation théorique ; le sens en est plutôt que « nous projetons les possibilités de notre propre

1. « Quelques remarques sur les concepts d'histoire et d'historiographie », EE, p. 144.
2. *Ibid.*, p. 145.
3. *Ibid.*, p. 146.
4. *Ibid.*, p. 148.

existence », plus précisément que nous « réalisons ou rejetons ces possibilités [...] sur le fondement d'une décision réalisée »[1]. Le monde de nos préoccupations est codéterminé par nos décisions pour certaines possibilités, qui ouvrent des connexions concrètes de choses à faire. Nous ne sommes pas seuls à nous mouvoir dans ces horizons. C'est un mouvement qui, le plus souvent, n'est pas libre ; au contraire :

> Jusqu'en notre fond le plus intime, nous sommes codéterminés par le milieu, le style, la mode, [...] en bref, par ce qu'aucun d'entre nous n'est à lui seul [...]. Notre vie quotidienne est ainsi dominée par une puissance impersonnelle qui nous détermine à notre insu, sans protestation de notre part. Notre vie ne nous appartient plus, ce n'est pas nous qui en décidons, nous nous laissons représenter par des puissances impersonnelles[2]...

C'est là que Patočka introduit l'idée d'un renouveau de la vie. Ce qui rend possible la compréhension de l'histoire, l'historicité humaine, c'est le passage à une vie nouvelle. Passage dont les deux termes sont, pour lui comme pour Heidegger, la quotidienneté irresponsable, d'une part, et la quête risquée mais résolue de la vie authentique, d'autre part. Passage qui est un événement pathétique, ou plutôt encore (au vu de ses descriptions) extatique, qui engage et traverse notre être tout entier. C'est un changement qui affecte toute la facticité de l'être humain ; il ne s'agit ni d'une autodétermination de la raison pure ni d'une coïncidence méditative, intuitive, avec le flux du temps, comme chez Bergson, et pourtant c'est avant tout une conversion du regard, une ouverture de l'esprit à ce qui nous dépasse. Si l'esprit ici entrevoit la finitude de l'existence, ce qui ouvre à cette compréhension n'est pas notre mort à venir. Patočka ne suit pas ici l'idée de Heidegger, mais parle plutôt de l'ancrage de l'historicité dans la détermination par le passé, d'un sens qui nous détermine à notre insu et qui doit devenir notre propre question.

Avant d'aborder l'explication du rapport entre l'histoire et la possibilité d'échapper à l'impersonnalité du quotidien, Patočka s'interroge sur la justification de cette idée : comment l'idée d'un renouveau – d'une vie nouvelle, contraire de la perte de soi – est-elle possible ? Comment l'acquiert-on et quel en est le contenu ? Et sont-ce là bien des questions qui s'adressent au philosophe ?

1. *Ibid.*, p. 149.
2. *Ibid.*, p. 149-150.

Ce sont en tout cas, nous dit-il, des questions que le philosophe n'invente pas, qu'il ne peut que « constater en tant que moment essentiel de l'autocompréhension humaine [1] ». Face à la question du renouveau, l'homme – et *a fortiori* le philosophe – est sommé de se décider ; c'est sa décision humaine, l'acte de sa liberté, qui apportera la solution. La liberté appartient à l'essence de l'homme. Mais l'homme est libre aussi de nier sa liberté. En tout état de cause, la liberté humaine ne ressortit pas à une essence, soustraite à la condition historique de l'« autocompréhension ». Il n'y a pas d'instance supérieure, supra-historique, intemporelle, qui tranche. La philosophie ne peut pas répondre à ces questions par une analyse objective, il ne suffit pas « de poser [l]es questions et d'y répondre, ici et là avec une énergie insigne » ; au contraire, « le philosophe ne peut avancer à moins de s'engager personnellement, par tout son être, en faveur d'une décision » [2]. La philosophie réalise ainsi « une possibilité donnée avec l'homme, avec l'acte de la liberté humaine [3] ». Ce n'est qu'ainsi que notre liberté se dote d'un contenu concret.

Qu'est-ce que cette liberté ? Nous verrons que Patočka en parle comme d'un rapport de l'homme fini à l'infini, tout en précisant que la liberté « *pour* l'homme » dont il s'agit ici n'est pas une liberté absolue, par laquelle nous pourrions nous affranchir du monde, mais une liberté « historiquement » limitée, codéterminée par le passé, une liberté « jetée ».

> La liberté jetée, c'est dire : toutes les possibilités de la liberté se développent sur le fondement de ce dans quoi nous place le passé humain, nous sommes codéterminés par ce qui fut. Le passé est donc un appel pressant lancé à notre liberté, qui l'engage à se réveiller à sa propre question [4].

La codétermination par le passé, le caractère jeté, limitatif de la finitude de notre situation, n'est qu'*une* composante de la liberté dont l'acte même consiste à « deven[ir] ce que nous sommes, inébranlables, plus forts que le monde ; par l'acte de se décider, l'homme dépasse ainsi le monde sans le quitter [5] ». Cette décision « est l'acceptation d'un destin que, sans doute, l'homme ne choisit pas arbitrairement, parmi d'autres,

1. « Quelques remarques sur les concepts d'histoire et d'historiographie », EE, p. 150.
2. *Ibid.*, p. 151.
3. *Loc. cit.*
4. *Loc. cit.*
5. *Ibid.*, p. 152.

mais qu'il est par toute son essence – essence qui n'est pas *donnée*, mais créée et, en ce sens, choisie par nous [1] ».

Le renouveau de la vie réunit ainsi deux éléments : d'une part, une autonomie de la recherche du sens, un effort de l'esprit, d'autre part, une certaine « hétéronomie » de la donation du sens recherché. C'est la même constellation à l'œuvre déjà chez Heidegger dans *Sein und Zeit* [2]. La liberté est là dans la résolution la plus authentique, dit Heidegger au § 74 [3], texte qui se rapproche le plus de ce que Patočka esquisse dans son article de 1934. Pour bien comprendre comment Patočka s'approprie ces thèmes, il faudrait cependant souligner que le moment essentiel pour Heidegger où l'homme (ou le *Dasein*) assume son destin en s'ouvrant à la compréhension authentique de son être – la confrontation résolue avec sa propre mort – est absent chez Patočka. Pour lui, il s'agit plutôt d'une confrontation avec l'infini ou l'éternel. Il cite ici Kierkegaard :

> Lorsque tout est devenu calme autour de nous, solennel comme une nuit étoilée, lorsque l'âme est seule dans le monde entier, alors apparaît devant elle, non pas un être supérieur, mais la puissance éternelle elle-même, le ciel se disjoint pour ainsi dire, et le moi se choisit lui-même ou, plutôt, se reçoit lui-même [4].

Son commentaire aussi donne à entendre un tout autre pathos que celui de l'angoisse de la mort et du néant : « Seul cet instant solennel donne la possibilité de comprendre l'histoire qui, regardée ainsi, est une suite de décisions libres, prises chaque fois par une liberté jetée [5]. »

Dans cette prise de position proche de celle de Heidegger – dont le nom ne sera cité que dans les toutes dernières lignes de ce texte de 1934, mais dont la pensée y est omniprésente – Patočka nous semble marquer une différence vis-à-vis de Husserl. Ce n'est, cela dit, qu'une position parmi d'autres qu'on peut relever dans les textes que le jeune Patočka

1. *Loc. cit.*

2. M. Heidegger, *Être et Temps*, Paris, Authentica, 1985, p. 264; trad. E. Martineau : « La résolution où le *Dasein* revient vers lui-même ouvre les possibilités à chaque fois factices d'exister authentique *à partir de l'héritage* qu'elle *assume* en tant que jetée. »

3. *Ibid.*, p. 265 : « La finitude saisie de l'existence arrache à la multiplicité sans fin des possibilités immédiatement offertes de la complaisance, de la légèreté, de la dérobade et transporte le *Dasein* dans la simplicité de son *destin*. Par ce terme, nous désignons le provenir originaire du *Dasein*, inclus dans la résolution authentique, où, libre pour la mort, il se *délivre* à lui-même en une possibilité héritée et néanmoins choisie ».

4. S. Kierkegaard, *Ou bien... ou bien...*, Paris, Gallimard, 1943, p. 479; trad. F. et O. Prior et M. H. Guignot.

5. « Quelques remarques sur les concepts d'histoire et d'historiographie », EE, p. 152.

consacre au problème de l'histoire[1]. Malgré sa proximité avec la philosophie heideggérienne de la liberté jetée, il y a un aspect de sa conception sur lequel il insiste d'emblée, et qu'on pourra suivre tout au long de son œuvre, qui l'en distingue nettement. C'est la négativité radicale de l'expérience de la finitude essentielle, constitutive de la liberté, qui nous semble sous-tendue chez Patočka – à la différence de Heidegger, mais aussi autrement que chez Levinas – par un désir d'éternel ou d'infini qui se portera à la parole avec la revendication d'un sens absolu dans le troisième des *Essais hérétiques*.

Pour revenir au texte de 1934 et à la question de la méthode qui s'y pose, le regard qui voit dans l'« histoire » une suite de décisions est une manière d'accéder à l'« historicité », à ce qui fait de l'histoire une partie de notre actualité tout en rendant possible la compréhension du passé.

Le passage de l'inauthenticité de la vie dans l'anonymat impersonnel au destin personnel et à l'être-soi-même est ainsi essentiel à la compréhension de l'histoire : « L'histoire de l'historien sera vraie ou non selon qu'il aura ou non compris la liberté humaine[2]. » Comprendre la liberté signifie, contrairement à l'intellectualisme du regard désintéressé, la réaliser, prendre une décision qui donne « la mesure, le critère sans lequel [l'historien] ne pourrait voir le relief de l'histoire[3] », parce qu'elle répète des possibilités une fois tracées. La réalisation de l'acte de la liberté, qui est la condition de la compréhension historique, est, par conséquent, inséparable de l'estime, de l'amour, de la haine et de la résistance : « À l'historien donc, selon les termes de Heidegger, d'exiger, de contester et de rendre hommage[4]. »

1. La perspective différente que Patočka adopte dans un article publié un an plus tard pourrait être mise en rapport avec l'absence, chez Heidegger, de l'autonomie qu'il convient d'attribuer au devenir du monde lui-même en tant que monde historique, selon la critique formulée par Paul Ricœur dans *Temps et Récit*. Comme si Patočka anticipait une telle critique du § 75 de *Sein und Zeit* (« L'historialité du *Dasein* et l'histoire du monde »), il esquisse un point de vue plus complexe dans l'article « Quelques remarques sur le concept d'"histoire universelle" » (« Několik poznámek k pojmu "světových dějin" », *Česká mysl*, 31 [1935], n° 2, p. 86-96; repris dans PoD-I, p. 46-57; traduit dans EE, p. 155-171). On peut donc regarder le choix, par Patočka, de la perspective heideggérienne en 1934 comme une manière d'exposer *une* dimension d'un problème plus complexe, élargi ensuite dans ses publications de 1935 et 1936.

2. « Quelques remarques sur les concepts d'histoire et d'historiographie », EE, p. 152.

3. *Loc. cit.*

4. *Ibid.*, p. 153 (trad. mod.). On trouve les mêmes mots – *fordern, hadern, verehren* – dans un carnet de 1933 où Patočka cite le cours de Heidegger, *Welt, Endlichkeit, Vereinzelung*, du semestre d'hiver 1929-1930.

Ce qui fascine Patočka dans l'histoire, c'est « la possibilité d'un être libre, possibilité en devenir et en lutte, susceptible de répétition, qui nous touche en quelque façon essentiellement [1] ». Comprendre l'histoire, c'est pour lui « créer le sens qui s'y trouve, répéter les possibilités essentielles, originaires, dévoilées dans les décisions révolues d'une liberté jetée [2] ». Le rôle qui revient à la liberté dans la compréhension de l'histoire selon Patočka se reflète encore dans un autre article important des années 1930, « Équilibre et amplitude dans la vie » :

> On trouve un autre indice [du renouveau de la forme de la vie humaine] dans la *compréhension* de l'histoire, dans l'étude des accomplissements et des formes spirituels de temps reculés. Bien que nous y demeurions sujets à l'erreur et malgré l'incapacité à nous détacher de nous-mêmes qui nous amène quelquefois à fausser nos matériaux, il n'est pourtant pas rare que nous réussissions à *pénétrer effectivement* dans un monde étranger, dans des dimensions auparavant cachées, et c'est alors comme si des écailles nous tombaient des yeux [3]...

Il utilise cette même image dans d'autres textes où il s'agit de décrire l'expérience du *khôrismos*, la différence fondamentale qui nous permet de nous rapporter au tout. Or, ce rapport est, selon Patočka, ce qui définit l'esprit. S'il dit que sa philosophie de l'histoire met l'accent sur l'histoire de l'existence spirituelle, qui est le lieu propre de l'historicité humaine, c'est de cette signification de l'esprit qu'il s'agit, non pas d'un Esprit absolu qui se réfléchirait lui-même. C'est pourquoi nous dirions que, malgré la critique de l'intellectualisme propre à l'approche théorique de l'histoire, l'historicité de l'homme est sa liberté de comprendre par la vue intellectuelle, par une certaine conversion du regard liée à ce que Patočka appelle la rencontre avec l'absolu, l'infini.

L'HISTORICITÉ DU MONDE ET DE LA PHILOSOPHIE

La liberté finie, distinguée comme ce qui caractérise l'être humain, est ainsi, pour Patočka, un facteur décisif de l'histoire humaine. En tant que liberté finie, elle se situe pourtant dans un monde qui la

1. *Ibid.*, p. 152.
2. *Loc. cit.*
3. J. Patočka, « Životní rovnováha a životní amplituda », *Kritický měsíčník*, 2 (1939), n° 3, p. 101-106; repris dans le volume 4 des *Œuvres complètes : Umění a čas I* (ci-après UČ-I), Prague, OIKOYMENH, 2004, p. 53-61 (édition établie par D. Vojtěch et I. Chvatík); traduit dans LS, p. 27-39, ici p. 32.

conditionne. Elle est toujours « jetée », dit Patočka avec Heidegger, « co-déterminée » par le passé. Par la résolution, qui nous est apparue comme dimension existentiale de l'historicité humaine, l'homme « dépasse le monde sans le quitter ». Il s'agit maintenant d'explorer avec Patočka les limites à la fois de cette liberté et de la conception qui, mettant l'accent sur l'historicité existentiale de la décision, voit dans l'histoire une suite de décisions – si cette perspective n'est que l'une des dimensions de l'historicité, on trouve chez Patočka une autre perspective lorsqu'il aborde le thème de l'historicité du monde comme tel, annoncé, sinon développé, dans le § 75 de *Sein und Zeit*[1], par exemple. Le changement de perspective peut être résumé ainsi : là où, dans l'article de 1934, les « puissances impersonnelles » portent et déterminent la quotidienneté, la vie que Patočka qualifie d'inauthentique par opposition à celle de l'homme libre, responsable de son destin et donc historique au sens propre du terme, les « puissances typiques qui dominent l'homme, sa vie et son monde[2] » prennent par la suite (en 1935 et 1936) une signification positive dans un contexte et une perspective que Patočka esquisse d'abord, avec Husserl et Bergson, sous le titre d'histoire et d'historicité du monde comme tel.

Dans les textes des années 1930, il est question chez Patočka d'une limitation externe et interne de la liberté finie. Parmi les limites externes figurent la faiblesse du corps et de la volonté, la culpabilité et la mortalité comme traits essentiels de l'être humain. Quant à la limite interne de cette finitude, elle est réalisée dans le rapport de l'homme à l'infini. Nous l'avons déjà vu dans le texte de 1934, où Patočka cite Kierkegaard. On trouve des propos analogues ailleurs aussi, où il est dit que l'homme ne se sent pas « rempli par la finitude[3] ». En revanche, là où il renouvelle sa vie en transcendant le sens donné simplement de façon acritique, là où il l'accomplit en réalisant sa liberté « au sens profond du terme », l'homme manifeste son amour de l'infini[4]. La rencontre avec cet infini n'est

1. M. Heidegger, *Être et Temps*, éd. cit., p. 267 : « L'historialité du *Dasein* est essentiellement historialité du monde qui, sur la base de la temporalité ekstatico-horizontale, appartient à la temporalisation de celle-ci. »

2. « Quelques remarques sur le concept d'"histoire universelle" », EE, p. 159.

3. « Équilibre et amplitude dans la vie », LS, p. 38 : « Il appartient à l'essence de l'homme de ne pas se sentir rempli par la finitude. »

4. À l'instar des « véritables amoureux de l'éternel et de l'infini », qui vont « à l'encontre de la tendance spontanée de la nature humaine à s'enclore sur soi », la philosophie de l'amplitude que Patočka préconise ici « suit tout le jeu des expériences humaines [...], mettant en garde contre les illusions trop répandues et inspirant l'amour de l'éternel qui vit en elle » (*ibid.*, p. 38-39).

toutefois pas l'expérience de l'extériorité absolue de Dieu ou de l'Autre; elle est conçue comme une rencontre avec « notre limite *interne* – le monde qui vit en nous [1] ». Cet infini, cet absolu, n'est pas, pour Patočka, transcendant au sens d'une réalité en soi dont nous serions séparés. En 1934 déjà, dans un article sur « la position de la philosophie dans et en dehors du monde », il disait clairement à ce propos : « l'absolu comme tel est intégralement contenu dans le fini », encore qu'il dépasse et englobe les êtres finis que nous sommes [2].

L'absolu qui, d'une part, nous englobe, mais qui est aussi, en quelque sorte, « en nous », est alors pour Patočka le monde en tant que « corrélat » de la vie transcendantale, car « le monde lui-même n'est rien d'autre que l'absolu, tel qu'il se découvre dans sa naïveté [3] ». C'est dire qu'à cette même période, entre 1933 et 1939, la position de Patočka se rattache étroitement à la phénoménologie transcendantale, qui constitue d'emblée une seconde dimension de sa philosophie de l'histoire.

La prise de position husserlienne qui est celle de Patočka notamment dans la thèse d'habilitation de 1936, se fonde sur la conception du temps comme devenir transcendantal [4]. Le temps est pour Patočka le sol de la subjectivité transcendantale où tout étant se constitue. De là, sa thèse sur « l'historicité » essentielle de tout étant [5] et, partant, du monde comme tel. On peut donc parler ici d'une historicité transcendantale [6]. Or, Patočka attribuait en 1935 cette historicité, non pas à l'intersubjectivité transcendantale en tant que « totalité des moi personnels », mais à l'énergie créatrice exercée sur l'homme par les « puissances typiques » qui le dominent, lui, « sa vie et son monde » [7].

1. *Ibid.*, p. 38. Souligné par nous.

2. « Remarques sur la position de la philosophie dans et en dehors du monde », LS, p. 23; voir aussi *supra*, p. 22, note 4.

3. *Loc. cit.*

4. MNPP, p. 102.

5. *Ibid.*, p. 28.

6. Husserl parle de « l'historicité transcendantale » en tant que « *transzendentale Gewordenheit* », par exemple, dans le manuscrit « Einströmen », de l'été 1935 (Husserliana XXIX, p. 80) : « *Diese transzendentale Historizität geschieht in der transzendentalen Zeitlichkeit, die wie jene selbst eine doppelte, korrelative Zeitlichkeit ist, eine Zeitlichkeit der transzendentalen, konstituierenden Intersubjektivität (personal, ichlich) und eine Zeitlichkeit der konstituierten Welt, die aber erst als Korrelat in der ersteren impliziert ist, aber auch die erstere in anderer Weise in der letzteren als eingeströmte und einströmende und durch transzendentale Rückfrage aufzuweisen und zu durchlaufen [ist].* »

7. « Quelques remarques sur le concept d'"histoire universelle" », EE, p. 159.

L'historicité du monde et l'énergie créatrice de la vie

La question du devenir historique *du* monde et de la relativité *des* mondes historiques se pose, dans l'œuvre de Patočka, dès cette année 1935, lorsqu'il esquisse, dans ses « Quelques remarques sur le concept d'"histoire universelle" », un autre concept d'historicité, tout en précisant son option métaphysique. Le thème est désormais l'historicité du monde comme tel. Le penseur y accède par l'analyse de la constitution, qui ne part plus de la question « qu'est-ce que l'homme ? », mais s'interroge plutôt sur les pouvoirs de l'énergie créatrice qui, réalisée par l'activité volontaire des individus et des générations qui se suivent, dépasse pourtant la vie de chacun. Patočka réintroduit la continuité dans son concept d'histoire et répond, à la question de savoir ce qui fait de l'histoire une histoire : « c'est l'énergie créatrice même ». Il s'agit là pour lui de « saisir en original ce qui fait que l'histoire est histoire » – c'est-à-dire l'historicité – pour en tirer les conséquences en vue d'« une anthropologie philosophique et [d']un idéal de la connaissance » [1] qui pourrait être opposé à celui de l'intellectualisme pur.

Comme Husserl à la même époque, Patočka distingue entre une histoire superficielle, extérieure, et une histoire intérieure, profonde [2]. L'histoire profonde est celle du monde lui-même, tel qu'il se constitue. Bien sûr, il ne s'agit pas seulement de la genèse passive de l'ensemble de possibilités qui correspond au monde concret historique de telle ou telle société humaine. C'est à travers l'« énergie créatrice », caractérisée maintenant comme « un réservoir de possibilités, l'ensemble des potentialités [3] », que le monde comme tel a une histoire :

> Le monde, aussi bien collectif qu'individuel, est sujet aux changements. Le changement ne concerne pas seulement le contenu du monde, mais le monde comme tel, ce que nous appelons aussi la « forme de vie ». Le monde en ce sens est l'ensemble des possibilités qui, à un instant donné, sont ouvertes à l'homme [4]...

1. « Quelques remarques sur le concept d'"histoire universelle" », EE, p. 158.

2. Cf., par exemple, le manuscrit de Husserl « Der Ursprung der Geometrie », publié par W. Biemel dans le volume VI des Husserliana (*Die Krisis der europäischen Wissenschaften und die transzendentale Phänomenologie*, La Haye, M. Nijhoff, 1954), p. 381 et suiv; trad. fr. J. Derrida, *L'origine de la géométrie*, Paris, P.U.F., 1962, p. 204 et suiv.

3. « Quelques remarques sur le concept d'"histoire universelle" », EE, p. 162.

4. *Ibid.*, p. 165.

Relève essentiellement de l'histoire non seulement la continuité du changement passif qui intervient « du simple fait de la durée [1] », mais encore l'institution de possibilités radicalement nouvelles, telle la création de la philosophie. L'histoire est ce qui donne à l'homme la possibilité de ne plus vivre uniquement auprès des singularités qu'il comprend à partir du tout, mais auprès et au sein du tout lui-même. Si l'histoire universelle, l'histoire du monde (*Weltgeschichte*) est possible, c'est grâce à cette possibilité de vie philosophique, à même de se rapporter au monde comme tel. On ne peut esquisser une histoire du monde qu'à partir d'un dépassement de notre propre situation historique donnée et « en vertu de la capacité de variation des structures de notre expérience » [2]. Ce dépassement n'est pas l'œuvre du seul philosophe ; chaque historien l'effectue lorsqu'il arrive à reconstruire le monde d'une humanité étrangère. Ce qui est bien l'œuvre exclusive du philosophe, la véritable métaphysique, c'est la capacité spirituelle de « constitution du monde et du temps, du monde dans le temps et du temps lui-même dans le regard de la réflexion philosophique [3] » – regard qui requiert l'acte d'une liberté radicale.

C'est une nouvelle perspective que Patočka adopte sous l'influence du dernier Husserl et de sa philosophie de la crise de l'humanité européenne. Il ne souscrit pas cependant à la vision téléologique qui fait de l'autonomie de l'esprit le vrai principe de l'historicité [4]. Nous venons de le voir, le principe de l'historicité est, pour lui, l'énergie créatrice. Cette énergie, qui ne vit que dans les efforts volontaires des hommes, ne se laisse pourtant pas réduire aux visées de la conscience individuelle. Son origine est plus profonde, à chercher dans les puissances fondamentales qui gouvernent notre existence : non seulement dans « ce que l'on nomme souvent l'"esprit", à savoir les rapports conscients de l'homme à son propre monde dans les formes de la philosophie (et de la science), de l'art, de la sagesse pratique, de la religion [5] », mais encore dans la « soif de domination », voire dans « l'absence d'impulsion, le manque d'énergie et de volonté, [qui] est également une puissance, voire une puissance très essentielle parmi celles qui régissent la vie [6] ». C'est une dimension de la vie humaine qui n'est pas sans rapport avec la corporéité, un aspect

1. *Ibid.*, p. 166.
2. Cf. *ibid.*, p. 169-170.
3. *Ibid.*, p. 169.
4. Cf. Husserliana XXVII, p. 207.
5. « Quelques remarques sur le concept d'"histoire universelle" », EE, p. 160.
6. *Loc. cit.*

qui jouera un rôle important dans la pensée du monde naturel. Là où il soulignait d'abord la discontinuité des décisions historiques, Patočka cherche désormais, avec l'énergie créatrice, à mettre à découvert la dimension de la continuité de l'histoire. L'énergie créatrice est

> ce qui, dans le processus historique, fait que les efforts individuels s'enchaînent. La codétermination de l'activité humaine par le passé est un trait fondamental de l'historicité, étant entendu qu'il s'agit d'une codétermination consciente. Il n'y a pas historicité là où l'on crée une nouveauté absolue, mais au contraire là partout où se présente une reprise, le passage pour ainsi dire d'une volonté dans une autre [...]. Il y a donc historicité là où, éprouvant une communauté d'intérêt avec quelque chose qui fut, nous apportons notre contribution à une œuvre dotée d'une signification plus profonde, au-delà du seul plan individuel [1].

L'analyse phénoménologique de l'historicité à partir de la présence d'un sens « plus qu'individuel » se propose d'expliquer aussi le changement passif du monde, qui se produit même en l'absence de grands événements « historiques » (dans lesquels se manifeste la liberté créatrice, « héroïque » – cette essence de l'historicité humaine dont il était question plus haut). Il y a donc histoire même là où il n'y a aucune création de nouveauté. D'après Patočka, c'est la métaphysique comme doctrine de la constitution qui donne accès à la dimension profonde du devenir du monde.

A-t-on atteint là le fondement ultime? Peut-on, à partir de cette métaphysique proprement dite, qui analyse la constitution du temps et du monde comme tel, reconstruire la science historique, l'historiographie à la fois profonde et superficielle? Autrement dit, l'histoire et, avec elle, la philosophie de l'histoire peuvent-elles être intégrées dans le cadre de la métaphysique en tant qu'analyse constitutive?

Le défi de l'historicisme pour la métaphysique : une philosophie historique

Le problème de l'historicisme interdit de répondre à ces questions par l'affirmative. Patočka termine ses « Quelques remarques » de 1935 en distinguant, au contraire, la métaphysique et la philosophie de l'histoire comme deux tâches séparées qui se présentent à la philosophie, et en posant ouvertement la question de savoir s'il est de fait possible d'échapper, en philosophie, au problème de l'historicisme. Ici aussi la

1. « Quelques remarques sur le concept d'"histoire universelle" », EE, p. 159.

réponse sera négative, ce qui, au bout du compte, explique que la réflexion philosophique ait deux tâches distinctes. L'analyse constitutive et la recherche de structures invariantes devront être complétées par une réflexion sur la propre situation de cette métaphysique de la constitution :

> L'histoire du monde peut être de deux espèces, dont l'une est un problème posé à la philosophie en général (à la métaphysique), l'autre à la philosophie de l'histoire. L'histoire philosophique du monde en général n'est pas l'analyse ou, si l'on veut, l'évolution du monde temporel : elle est l'analyse et la constitution du monde et du temps, du monde dans le temps et du temps lui-même dans le regard de la réflexion philosophique. La philosophie de l'histoire, en revanche, est l'histoire du monde au sens propre [1]…

Reste que « seule une philosophie historique pourra conduire à une véritable philosophie de l'histoire [2] », et cette philosophie historique devra alors faire face au problème de l'« historicisme », titre qui nous semble désigner le problème à l'origine de la dualité systématique qui affecte la réflexion philosophique. La question que pose l'historicisme est sérieuse, dit clairement Patočka dans encore un autre bref essai, « Sur la philosophie de l'histoire », rédigé à la fin des années 1930 [3]. Le scepticisme historiciste concerne la vérité sous toutes ses formes. L'idée de la vérité comme adéquation peut difficilement être maintenue si toutes choses humaines, « toutes nos institutions et […] tous nos critères [4] » sont soumis au pouvoir du temps, au changement incessant.

Rien d'autre que l'étant, c'est-à-dire cela même que l'on cherche, ce qui est en vérité, ne peut être le critère de l'interprétation, dit Patočka dans un manuscrit de cette même période. On ne peut pas « reprendre simplement la détermination de l'essence de l'étant et l'appliquer au devenir historique [5] ». Le projet d'une philosophie de l'histoire, tâche essentielle de l'existence humaine, se voit ainsi confronté à un cercle : la question ontologique est elle-même historique, elle n'échappe pas à

1. *Ibid.*, p. 169.
2. *Loc. cit.*
3. J. Patočka, « O filosofii dějin », *Kritický měsíčník*, 3 (1940), nº 5-6, p. 217-223 ; repris dans PoD-I, p. 107-115 ; trad. fr. « Sur la philosophie de l'histoire », EE, p. 173-186.
4. *Ibid.*, p. 182.
5. J. Patočka, « [Filosofie dějin] », PoD-I, p. 341. Le lecteur français pourra consulter la traduction allemande de L. Hagedorn, « Einleitung [Geschichte als geistige Lebensform] », dans J. Patočka, *Andere Wege in die Moderne*, Würzburg, Königshausen & Neumann, 2006, p. 65-79, ici p. 67.

l'histoire qui, inversement, ne peut se comprendre qu'à partir d'un certain projet sur ce que signifie l'être et ce que signifie le temps.

La réponse que Patočka propose, dans ce texte, à la question de l'ontologie du temps historique est la même vision dramatique qui marquera toute sa philosophie de l'histoire, vision du temps historique qui rythme la vie entre déclin et amplitude – ce qui explique encore le rôle central du phénomène du renouveau. Le manuscrit de 1940 sur la philosophie de l'histoire précise cette conception par opposition à la simplification du temps historique par l'anthropologie culturelle de l'époque de Spencer, Spengler, etc. :

> La loi unitaire du développement et du déclin des cultures est une impasse de l'interprétation, un pis-aller, là où fait défaut toute clé du phénomène de l'essor et du déclin dans l'histoire. Ce phénomène, l'un des phénomènes les plus importants de l'histoire, est à comprendre à partir des profondeurs de l'essence humaine, comme conditionné par l'essor et le déclin dans la sphère de l'âme humaine [1]...

Si le rythme du temps historique est codéterminé par celui du renouveau qui s'élève contre l'écoulement – anonyme, impersonnel, irresponsable – du quotidien, ce n'est pas dire qu'on puisse réduire l'un à l'autre, déduire le rythme complexe du temps historique de celui de l'expérience individuelle du renouveau et de l'inéluctable perte de soi, de l'amplitude et de l'équilibre (ou même du déclin) de la vie. C'est ce que nous avons tenté de montrer en nous référant aux textes de cette même période qui traitent l'histoire en tant qu'histoire du monde. Le recours à l'idée de l'essor ou de l'amplitude de la vie, qui réapparaît dans le débat avec l'historicisme, nous semble lié à la question de l'approche phénoménologique de l'histoire, sans pour autant que celle-ci s'y réduise. Patočka revient ainsi aux résultats de ses réflexions sur l'historicité de l'existence et sa fondation dans la liberté jetée.

C'est d'ailleurs dans l'amplitude que les deux grands axes de sa philosophie que nous suivons ici, la phénoménologie du monde et la philosophie de l'histoire, se rencontrent. Rappelons un passage de l'essai de 1939 dont le titre même évoque ce thème; l'œuvre tardive de Patočka ne dira pas autre chose.

> En se lançant dans l'amplitude, ils [comprendre : ceux qui y vivent] réalisent la liberté propre à l'homme, la transforment, de liberté simplement possible, en liberté effective, car ce n'est qu'en agissant

1. « [Filosofie dějin] », PoD-I, p. 350; trad. all., p. 77.

> qu'ils accèdent à ce que l'homme *est* et *peut être effectivement*. Ils accomplissent ainsi le *khôrismos*, l'abîme qui sépare les deux orientations générales de l'humanité, le chemin de toute matière et la voie étroite de l'esprit.
> L'esprit, en effet, n'est pas simplement une attention portée à des choses sublimes ou immatérielles [...]. L'esprit est un rapport au monde, vivant à partir de la compréhension du tout du monde que donne la vie dans l'amplitude. Il est un éclaircissement universel dont la lumière s'allume, non pas dans l'intellect, mais dans le choc existentiel qui nous fait nous heurter contre l'écueil inébranlable de nos limites.
> Celui qui assume cette possibilité est libre au sens profond du terme [1].

La philosophie de l'histoire prolonge, selon Patočka, le combat personnel de l'individu au sein du flux héraclitéen. Si ce combat s'appuie, dans sa prise de décisions, sur des puissances objectives, ces structures, toutes nécessaires qu'elles sont, ne décident en réalité jamais comme telles de notre histoire intime.

Résistance, protestation, lutte – tels sont le termes que Patočka utilise pour caractériser la liberté de l'esprit fini, la réflexion, la compréhension, la contemplation n'étant, en revanche, qu'un instrument du combat propre à la vie interne, qui ne devient libre que par ce combat. Nous insistons sur ces textes de jeunesse pour dégager le mode spécifique qui distinguera chez Patočka, par la suite aussi, la liberté de l'esprit fini, engagé dans le monde, pour des causes morales dont Socrate est et restera à ses yeux le modèle historique [2]. C'est pourquoi il continuera à parler de l'esprit (*Geist*), du soin l'âme (*Seele*), de l'intériorité, de la liberté, malgré toutes les déconstructions des métaphysiques dont il a été témoin et qu'il a pu reprendre à son compte. Dans le texte de 1939 qui nous intéresse ici, on lit pour conclure des mots qui s'appliquent également à sa philosophie ultérieure :

> Tout ce qui *existe* dans ce domaine n'est pas *fait*, mais œuvre active, maintenue par des forces : l'héroïsme, la sainteté, la sagesse, l'inspiration

1. « Équilibre et amplitude dans la vie », LS, p. 37.

2. Patočka voit explicitement en Socrate « le premier à penser et à comprendre les événements qui se déroulent dans les profondeurs de l'homme », un penseur qui « se rapprochait au moins d'une conception historique de l'être humain, de l'essence de l'homme » (EH, p. 38). Sans s'identifier à l'étape de la fin des années 1930, cette réflexion de 1947, où l'on retrouve encore les termes de protestation, lutte, etc., que nous y avons relevés, en reste assez proche pour que nous puissions faire l'économie d'une comparaison entre les deux projets en renvoyant à l'excellent livre de Filip Karfík *Unendlichwerden durch die Endlichkeit*, notamment au dernier chapitre, « Das Problem der Geschichtsphilosophie », p. 171-193.

> artistique, mais aussi l'honnêteté, la modestie ne sont pas de simples états passifs, mais des états où l'on *se maintient* en opposant une résistance aux penchants contraires. [...] La compréhension de soi, l'examen de conscience, la réflexion sur le destin propre et ses phases fait nécessairement partie de cette lutte ; loin d'être élevée au-dessus du combat, en tant que son arbitre, la réflexion en est l'instrument [1].

Il s'ensuit que la philosophie de l'histoire « n'est pas à comprendre comme un argument à l'encontre de la liberté, mais comme une tentative pour penser clairement le chemin de l'être propre au milieu des puissances qui régissent la vie [2] ». S'il y a dans l'histoire, d'une part, des décisions pour un sens de l'être propre, d'autre part, la liberté de ces décisions n'est pas sans limite, mais finie en regard de l'infini de ce qui englobe la vie en général et l'existence humaine individuelle dans son autocompréhension en particulier.

> Nous n'avons dans la vie aucune compréhension du sens, aucune compréhension de la signification qui soit *au principe* plus profonde que celle qui découle de la vie même, de ses luttes et processus internes. [...] Cette foi conquise, ce poids de la vie propre est un processus absolu, créateur de mesures pour soi et pour les autres choses [3].

La vie et l'esprit sont l'un et l'autre historiques, mais de manière chaque fois différente. Il y a une énergie créatrice à l'œuvre à travers les puissances qui déterminent notre vie et constituent notre monde constamment changeant, et il y a un effort de l'esprit humain fini qui intensifie le rythme du déclin et de l'essor de la vie par rapport à une « amplitude » – événement ouvrant la possibilité d'une compréhension finie, non définitive, de la situation de l'être humain au monde. Le renouveau spirituel de la vie – par l'art, la philosophie, la science, l'action morale – est un rapport à la totalité à travers le projet d'un sens total qui en est en même temps, non pas une création libre au sens du libre arbitre, mais une reprise nouvelle.

> La logique abstraite ne permet pas de trancher entre deux positions ressortissant à la vie ou à l'esprit. [...] Nous sommes seuls à nous décider entre ces chemins existentiels, c'est donc ici qu'est *notre* vérité « subjective ». Vérité qui résout la question de l'historicisme d'une façon singulière : sans nous faire sortir du courant historique, du cours variable

1. « Sur la philosophie de l'histoire », EE, p. 184.
2. *Loc. cit.*
3. *Ibid.*, p. 184-185.

> de l'univers infini du dedans, sans que nous nous arrogions un point de vue surhumain, que nous perdions la liberté de la vérité, ni la vérité son caractère absolument contraignant[1].

Tel est le sens positif de la question de l'historicisme, telle qu'elle se posait alors, pour la formation d'une philosophie historique dont la réflexion et le correctif devraient accompagner le désir et la tentation métaphysiques de saisir et de fixer ce sens de façon conceptuelle définie. Patočka y reviendra à plus d'une reprise. Dans un texte de 1936, par exemple, on lit : « *Chaque philosophie* est toujours la philosophie d'une forme de vie déterminée, d'ores et déjà issue de certaines décisions[2]... » Ou encore, passage déjà cité en partie : « La vie alors n'est rien d'autre que la profonde et paradoxale unité du fini avec l'infini, une sorte d'autolimitation de l'infini : c'est pourquoi la vérité philosophique non plus n'est pas accessible aux êtres finis que nous sommes, quoiqu'elle nous engage[3]... » L'idée de l'autolimitation de l'infini témoigne derechef de la position transcendantale qui est celle de cette phase de la philosophie de Patočka, s'annonçant par une distanciation à l'égard de l'idée d'une ultime fondation absolue de tout savoir.

L'optique des puissances qui régissent la vie ne sera jamais complètement absente de la pensée de Patočka, si ce n'est, exception unique, au début des années 1950, lorsqu'il cherche, dans le cadre de son « platonisme négatif », à penser la liberté et l'historicité humaine rigoureusement à partir de la transcendance radicale. Abandonné par la suite, en raison sans doute de son caractère trop unilatéral, le platonisme négatif n'en demeure pas moins une étape décisive sur le chemin de la pensée de ce qui s'intitulera, à partir des années 1960, le troisième mouvement de l'existence.

L'IDÉE DE LA LIBERTÉ ET DU TEMPS HISTORIQUE DANS LE CADRE DU PLATONISME NÉGATIF

Le noyau de cette conception est à trouver dans le texte intitulé « Le platonisme négatif », publié en *samizdat* en 1953[4], qui traite de la possibilité d'une philosophie non métaphysique ou postmétaphysique.

1. *Ibid.*, p. 185.
2. « Kapitoly ze současné filosofie », PoD-I, p. 97.
3. *Ibid.*, p. 100.
4. Voir *supra*, p. 73, note 5.

Patočka déploie ensuite autour de cet axe central toute une série d'études dans lesquelles il tente de repenser des problèmes philosophiques actuels. La seule publiée officiellement sur le moment (dans cette période politiquement très dure en Tchécoslovaquie) parle justement du problème du temps historique qui nous intéresse ici. Certes, l'article « Le temps, le mythe, la foi », imprimé en 1952 dans une revue de théologie protestante [1], jette aussi, avec le manuscrit important de 1954 qui s'y rattache [2], un pont entre la philosophie du platonisme négatif et la foi chrétienne. Ce qui retiendra notre attention, c'est toutefois la position nouvelle de Patočka et, dans cette constellation renouvelée, sa conception de l'historicité et de la liberté humaine. Nous en proposons une approche qui abordera successivement le rapport entre vérité et historicité, la question de l'historicité du monde ou de l'« englobant », et enfin la liberté comme telle.

Le problème de la vérité du point de vue du platonisme négatif

Ce titre est celui d'un manuscrit inachevé qui s'intègre au projet du « platonisme négatif » [3] et remonte lui aussi au début des années 1950, lorsque l'incommensurabilité de la vie et du concept – la critique de l'intellectualisme – fait place chez Patočka à l'idée de l'incommensurabilité ontologique. Il n'y a plus d'absolu auquel il serait possible d'accéder, sous une guise positive, par une réflexion métaphysique du type de celle de l'analyse constitutive. Toute saisie positive, objective, reste limitée à l'étant. La totalité de l'étant, non objectivable comme telle, renvoie à l'autre de l'étant. C'est ce que le platonisme négatif apporte de nouveau : le *khôrismos* en tant que transcendance radicale. Au lieu de supposer une autolimitation de l'absolu qui se manifesterait lui-même dans nos expériences, Patočka affirme désormais une différence qui sépare les vérités de nos expériences positives, les vérités objectives,

1. J. Patočka, « Čas, mythus, víra », *Křesťanská revue*, 19 (1952), n° 3-4, p. 112-116; repris dans PoD-I, p. 131-136. Voir la traduction française d'E. Abrams, « Le temps, le mythe, la foi », dans *L'art et le temps* (ci-après AT), Paris, P.O.L, 1990, p. 27-35.

2. Archives Jan Patočka, n° 3000/031, manuscrit divisé en deux et publié sous les titres « [Studie o času I] » (Étude sur le temps I) et « [Studie o času II] » (Étude sur le temps II) dans PoD-III, p. 612-643 et 644-651; le premier n'a pas encore été traduit; l'autre, désigné par les responsables des *Œuvres complètes* comme représentant « probablement la suite de l'étude "Le temps, le mythe, la foi" », a été publié comme telle également en français dans AT, p. 35-46.

3. J. Patočka, « Problém pravdy z hlediska negativního platonismu » (Le problème de la vérité du point de vue du platonisme négatif [vers 1953]), PoD-I, p. 447-480.

vérifiables, finies, d'une part, et la vérité ontologique, qui, dans un sens, n'est pas relativisable, d'autre part. L'Idée au sens du platonisme négatif symbolise cette vérité ontologique, qui n'a pas de contenu propre mais consiste dans l'affirmation de l'autre par rapport à l'étant, l'affirmation de ce qui ne saurait recevoir qu'une définition négative.

Patočka ici ne défend plus l'idée de l'immanence transcendantale du fondement absolu du sens de tout ce qui est, la doctrine selon laquelle les êtres mondains, finis, pourraient saisir l'absolu, le monde lui-même, tel qu'il se donne comme phénomène au regard du spectateur phénoménologisant. Là où il n'y avait pas de transcendance pour un tel spectateur phénoménologique, le philosophe du platonisme négatif connaît une transcendance radicale, « un contact avec un tout autre, avec un principe supramondain, avec l'Idée [1] ».

Patočka essaie de montrer que la pétrification métaphysique de la réalité a sa source dans toute saisie de la totalité de l'étant qui se veut définitive dans ses résultats positifs objectifs. Il propose d'interroger les limites à la fois de l'objectivisme, du positivisme des faits, et de l'hégélianisme marxiste qui s'y oppose en apparence. Si l'on prend au sérieux la différence entre l'objectivable, ce qui peut être objet d'un savoir vérifiable, et ce qui – telle l'Idée au sens du platonisme négatif – dépasse tout contenu positif et fait éclater toute construction totalisante du savoir, l'on arrivera, grâce à cette expérience de la différence ontologique, à dégager les domaines de la vie de l'esprit dans une diversité et une irréductibilité qu'ils n'ont plus désormais, ayant été nivelés, réduits par la tendance métaphysique, totalisante, de la pensée scientifique et idéologique, à ce qui est de l'ordre objectif du fait.

> Le propos d'exclure toute question métaphysique est précisément lui-même l'expression d'une métaphysique déterminée (le plus souvent négative), c'est-à-dire du propos de dire d'une manière définitive et totale ce qui est, de prendre pied par quelque côté sur le terrain de la réalité même, non schématisée, et de statuer enfin non seulement ce que nous pouvons savoir, mais encore comment nous allons (et, dans ce cadre, devons) agir. La philosophie non métaphysique [...] arrive, à travers sa lutte contre la métaphysique, à libérer, voire à multiplier les possibilités spirituelles jusque-là entravées par la projection de choses

1. *Ibid.*, p. 458.

hétérogènes sur un plan unique, propre à l'essence de la pensée métaphysique[1].

Le platonisme négatif est une philosophie de la différence, du *khôrismos*. On ne peut pas saisir la réalité vraie; toute saisie s'arrête à la différence comme telle, entre l'objectivable et son autre. La position de Patočka est marquée par l'affirmation résolue de cet autre, qui est au-delà de l'étant. La différence s'ouvre grâce à l'Idée, principe négatif qui est cet autre même. L'Idée ainsi conçue n'est pas seulement la limite de l'univers des faits, immanente à celui-ci. Sans être le résultat des délimitations mutuelles des choses et des événements entre eux, elle ne s'en manifeste pas moins dans le monde des objets, y laissant des traces de négativité. Elle est, d'une part, un facteur détotalisant, opposé à la tendance métaphysique du savoir et de la praxis humaine qui vise à atteindre, à instituer et à dominer la totalité. D'autre part, elle libère l'homme pour une relation non dominatrice à ce qui, peut-être, reste caché et effectif au-delà de l'objectivable. L'Idée est le pouvoir de transcendance. Il y a une transcendance qui exerce un pouvoir sur ce qu'elle transcende. « Chaque donnée subjective ou objective est soumise à la critique de l'Idée, mise en rapport avec l'Idée en tant que l'Idée lui oppose son *non*, l'énoncé de sa transcendance », dit Patočka dans son « Platonisme négatif »[2].

L'Idée apparaît originellement comme un non-étant, elle n'est ni un objet ni un concept, mais « une puissance désobjectivante, une puissance de distanciation à l'égard de tout objet possible[3] ». S'il n'y a donc aucun autre monde, au-delà du *khôrismos*, qui délimite le monde des étants en totalité, il s'agit néanmoins de comprendre que la totalité des étants n'est pas tout. L'Idée est le symbole général, pour ce genre de « non-réalité », de l'invisible qui depuis toujours anime et lance son « appel » à la vie de l'esprit. Le platonisme de Patočka est cependant expressément négatif dans la mesure où il rompt avec la tendance de l'esprit à dépasser, en postulant un ordre objectif global, l'inquiétude, la fragilité de l'expérience de la différence du fini et de l'infini. Cette tendance de

1. « Nemetafyzická filosofie a věda » (La philosophie non métaphysique et la science), fragment manuscrit cité d'après PoD-III, p. 604. Cf. aussi p. 609 : « L'essentiel dans la métaphysique est toutefois qu'elle prend son savoir positif, pourvu d'un contenu, total, pour quelque chose dont l'objectivité va de soi, et qu'elle projette sur un même plan le tout, la positivité, le contenu » (c'est-à-dire le caractère non formel, non schématique du savoir).

2. « Le platonisme négatif », LS, p. 92.

3. *Ibid.*, p. 94.

l'esprit à vouloir atteindre un savoir définitif, positif, non purement formel, sur le tout de la réalité, tendance qui déforme la véritable impulsion originaire de la philosophie, la question de l'être, c'est la métaphysique, dont Patočka, au début des années 1950, qualifie la forme actuelle d'« humanisme intégral[1] ».

> Le concept fondamental de tout le problème de la vérité est donc l'Idée en tant que pouvoir de distance qui en même temps nous renvoie au tout et à notre inadéquation vis-à-vis de lui. Notre rapport à l'Idée est un moment absolu qui ne peut pas disparaître du processus de la connaissance, c'est le moment de la vérité absolue, qui fonde toutes nos vérités relatives, humaines et historiques, tout le processus de la manifestation historique de la vérité[2].

On constate donc une tendance très nette à désubjectiver le problème ontologique de la vérité. Là, ce n'est plus l'historicisme qui fait question. Il s'agit plutôt de combattre un autre relativisme, qui réduirait toute la question de la vérité à la vérification ou falsification humaine. Qu'il n'y aurait rien au-delà de la vérité historique, conditionnée, humaine, c'est la position de l'humanisme intégral, auquel Patočka s'oppose avec Heidegger.

La transcendance de l'Idée, perspective nouvelle sur les questions du temps et de l'historicité du monde

La finitude de nos vérités historiques ne vient plus du rapport particulier entre la partie et le tout du devenir transcendantal ; elle ne vient plus d'une « autolimitation de l'absolu », ne s'insère plus dans le devenir du temps du monde comme tel, de la durée véritable de l'énergie créatrice. Pour autant, le principe négatif de l'Idée ne conduit ni à un négativisme ni à un nihilisme. Ouvrant la perspective de la totalité, elle rend plutôt possible un dépassement du particularisme. L'idée au sens kantien, qui est une composante du concept de Patočka, est le projet non objectivant d'un tout qui permet de surmonter la diversité des vues conditionnées sans pour autant les neutraliser. C'est ainsi du moins que Patočka la voit. Il distingue explicitement entre la vie dans l'idée, rapport non dominateur à la totalité, et la vie idéologique, régie par un concept

1. *Ibid.*, p. 72.
2. « Problém pravdy… », PoD-I, p. 458-459.

positif du sens et de la totalité[1]. Le sens téléologique, qui anime les idéologies, n'est pas celui de l'Idée du platonisme négatif. L'Idée, c'est la différence même, seule vérité non relativisable qui est en même temps le principe de l'historicité des vérités factuelles. Cela posé, qu'en est-il de l'historicité du flux du temps vécu, de la réalité temporelle comme telle ?

En tentant de répondre à cette question, nous nous référerons surtout au texte « Le temps, le mythe, la foi » et au manuscrit mentionné ci-dessus, intéressant dans la mesure où il aborde une analyse plus générale du thème qui, dans le texte publié, est plutôt résumé que développé. On y trouve par ailleurs des remarques qui permettent de préciser la position de la philosophie de Patočka vis-à-vis de certains de ses contemporains. Il y parle explicitement de certaines idées de la liberté et de leur correspondance avec des conceptions du temps, tout en traitant aussi du lien systématique qui rattache l'analyse du temps historique à son projet de platonisme négatif. Le manuscrit, nous l'avons déjà dit, se compose de deux parties, la première exposant les grandes lignes de la position que la seconde tentera de justifier.

La première partie (les seize premiers paragraphes) renvoie directement aux conclusions présentées dans l'article « Le temps, le mythe, la foi ». Patočka part encore, dans ces deux textes de la première moitié des années 1950, d'une certaine notion de l'historicité du temps humain. C'est à partir du temps historique, dit-il, qu'on arrive aux formes de la temporalisation et, par là, à celles du devenir historique. Il y renvoie à la temporalisation de la vie humaine découverte par Heidegger. Ici, dans le contexte du platonisme négatif, comme plus tard, dans son projet de penser l'existence comme un triple mouvement, le point de départ est bien heideggérien, mais Patočka, dans les deux cas, cherche à définir sa propre position en d'autres termes.

Dans le manuscrit de son « étude sur le temps », il plaide contre l'image statique du temps comme « horizon constant » de tous les événements de notre vie, pour une conception du temps comme devenir, « se manifest[ant] comme lutte de ses différentes dimensions pour la prééminence »[2]. De là, trois conceptions, selon que le primat y revient au présent, au passé ou, enfin, à l'avenir.

Selon la première conception, le temps apparaît comme une série de « maintenant » ; toutes les possibilités du devenir doivent être contenues

1. Voir l'essai « L'idéologie et la vie dans l'idée » (« Ideologie a život v ideji », *Kritický měsíčník*, 7 [1946], n° 1-2, p. 8-14; repris dans UČ-I, p. 125-131), traduit dans LS, p. 41-50.

2. « [Studie o času II] », PoD-III, p. 644; trad. fr., AT, p. 36.

dans l'état actuellement donné de l'étant, compris comme entièrement transparent, objectif. Cela veut dire qu'il n'y a « par principe rien de nouveau sous le soleil; le monde est purement objectif en ce sens qu'il ne contient rien de principiellement étranger, qui ne puisse pas être dominé par nos catégories [1] ». Or, là où aucune création de nouveau n'est possible, l'homme vit dans un univers déterminé, dont il fait intégralement partie, et ne saisit pas sa liberté. C'est ce contre quoi Patočka s'est élevé dès ses débuts. L'analyse du temps qu'il entreprend ici est un nouvel essai de renforcer sa contestation du déterminisme qu'il caractérise – comme Husserl, mais d'un autre point de vue systématique – comme « règne de l'objectivité ».

La prédominance du passé sur les autres dimensions temporelles détermine la conscience mythique du temps. Le trait essentiel de la conscience mythique, qui fait que l'homme se regarde comme à la merci de la puissance absolue d'êtres divins, s'enracine dans cette conception où tout est déterminé par un fait passé, définitif, qui décide de tout ce qui advient. Contrairement à la conception qui part du primat du présent, ce qui domine ici n'est pas disponible, objectif au sens de ce qui peut être maîtrisé. Dans la mesure cependant où le dominant apparaît dans une objectivation qui n'est pas percée à jour comme telle, il en résulte un manque de distinction entre les réalités et les projections fantastiques des désirs humains, et l'homme, d'après Patočka, demeure ici essentiellement passif :

> L'homme est livré à la merci de ce non-objectif sous une forme objective. [...] La non-objectivité le confronte à l'absolu, mais comme ce non-objectif se présente sous une forme objective, caractérisée donc par l'universalité, il ne voit nulle part de distinction ni, partant, de refuge pour sa liberté possible [2].

Ici encore est donc absent ce qui importe aux yeux de Patočka, c'est-à-dire ce qui confronte l'homme à « la nécessité de se décider, de poser la question du sens total et d'être lui-même de manière intégrale [3] » – le motif de la liberté de l'esprit fini qui, on le voit, est essentiel à sa philosophie de l'histoire. Dans les années 1930, ce motif de la décision n'était pas clairement lié à la dimension de l'avenir. Ce qui

1. *Loc. cit.*
2. *Ibid.*, p. 646; trad. fr., p. 39.
3. *Ibid.*, p. 644; trad. fr., p. 36.

caractérisait alors, pour Patočka, l'historicité de l'être humain, c'était moins l'ouverture à l'à-venir que le passé comme rappel du destin.

À présent, en revanche, l'avenir lui apparaît comme « la source propre de l'historicité humaine[1] ». Le primat de l'avenir signifie pour Patočka l'autodétermination libre de la vie par des décisions toujours possibles. C'est toutefois une liberté qui n'est pas exempte de contraintes. D'une part, les décisions peuvent être justes ou erronées ; « être soi-même » serait, pour la liberté humaine, une contrainte autre qu'extérieure. Par ailleurs, cette conception du temps est caractérisée, selon Patočka, par un savoir sur l'absolu. Elle croit que l'homme, ainsi que toutes les autres réalités du monde, est soumis à un absolu, à ce qui n'est pas objectivable, mais reste un mystère non maîtrisable, identifié par le mythe au monde des réalités, tandis que la conception déterminée par le primat de l'avenir sépare le mondain du transcendant. « La conception où prime l'avenir n'est possible que sous les espèces de la *foi*[2]. » Dans ce texte, Patočka semble envisager la liberté humaine exclusivement à travers le rapport à l'avenir.

Il y indique encore le motif qui l'a conduit à cette prise de position. Le mythe et la foi sont des conceptions historiques que les conceptions « objectivistes » du temps et de l'univers, où prime le présent, regardent comme caduques. L'engagement pour l'absolu du point de vue du platonisme négatif s'oppose à l'absolutisation de l'homme qui s'est placé au centre de l'univers, plus particulièrement à la forme singulière de la « surcivilisation moderne » qui réserve la place de l'absolu à l'homme « en tant qu'homme historique, délivré de l'égoïsme individuel au nom d'une entité plus large, mais derechef empirique, au nom de l'étant social[3] ». Patočka, qui distingue ailleurs deux formes de la surcivilisation moderne, le libéralisme et le communisme[4], s'adresse ici manifestement à cette deuxième forme, qui dénonce et le mythe et la foi comme expressions de la non-liberté de l'homme, projections fantastiques qui occultent la « non-liberté à l'égard des choses de la nature et de la société[5] » qu'il s'agirait de maîtriser réellement. Cette forme de la surcivilisation moderne fait de l'homme le seul absolu – absolu humain, historique. C'est aussi le sens de la dialectique par laquelle culmine cette

1. « Le temps, le mythe, la foi », AT, p. 31.

2. « [Studie o času II] », PoD-III, p. 647 ; trad. fr., AT, p. 40.

3. *Ibid.*, p. 649 ; trad. fr., p. 44 (trad. mod.).

4. Cf. « La surcivilisation et son conflit interne » (« Nadcivilizace a její vnitřní konflikt », PoD-I, p. 243-303), LS, p. 99-177.

5. « [Studie o času II] », PoD-III, p. 649 ; trad. fr., AT, p. 44.

tendance « humaniste » de la philosophie du XIXe siècle en tant, explique Patočka, que la dialectique résorbe l'historicité dans le système, c'est-à-dire l'éternité dans le présent. En revanche, l'Idée telle que le platonisme négatif la pense est « un moment d'éternité et d'absolu [1] ».

L'intérêt de ces textes consacrés au problème du temps pour le thème qui nous occupe ici tient au double propos de Patočka d'y démontrer, « par l'analyse philosophique du temps et de ses dimensions [2] », l'impossibilité des philosophies objectivistes, tout en donnant à voir le problème du temps dans la perspective de la création de nouveau et de la liberté.

Cette perspective n'est esquissée que dans la partie non encore traduite du manuscrit. Que le texte relève bien du cadre du projet du « platonisme négatif », les premières lignes en témoignent clairement :

> Nous voudrions montrer maintenant, plus en détail, comment l'appel de l'Idée se manifeste dans une des structures fondamentales qui caractérisent la vie humaine dans sa différence d'avec les degrés plus fondamentaux et à la fois plus simples de l'étant. Nous pensons là à la structure du temps [3].

Selon Patočka, le flux du temps peut être représenté de deux façons différentes. Ou bien la réalité s'accroît toujours de nouvelles couches, de phases actuelles toujours nouvelles. Dans ce cas, il faut dire que, au regard du présent, les phases nouvelles n'existent pas (encore). Ou bien le passé et l'avenir appartiennent à une dimension englobante de la diversité quadridimensionnelle et n'apparaissent séparément que dans notre présentation à trois dimensions, tandis que, du point de vue de la dimension englobante, « le contenu du présent, du passé et de l'avenir est pareillement réel, c'est-à-dire pareillement présent [4] ». Patočka se réfère ici à la théorie de la *Zeitwelt* de Günther Jacoby. Ce qui, de notre point de vue, est à venir et n'existe pas encore, est en réalité, du point de vue de cette conception du monde temporel avec son temps englobant, aussi réel que le présent actuel ou le passé. Dans ce « monde temporel », la succession n'apporte pas des contenus nouveaux, car tous les contenus sont en quelque sorte présents. L'écoulement n'est qu'un effet de la perspective de la conscience du temps.

Patočka constate qu'il nous est impossible de résoudre le problème métaphysique de savoir si le monde temporel peut ou non être sans

1. « Problém pravdy… », PoD-I, p. 461.
2. « [Studie o času II] », PoD-III, p. 650; trad. fr., AT, p. 45.
3. « [Studie o času I] », *ibid.*, p. 612.
4. *Ibid.*, p. 620.

succession réelle. Il peut donc être pensé comme « atemporel », encore qu'il soit clair que ce « monde temporel » élevé au-dessus de la succession est une construction issue de la tendance à l'objectivation de l'univers et qu'il n'empêche aucunement la perception humaine de la succession d'être irréductiblement réelle : « Il est fort possible que le temps ne soit pas à trouver "dans les choses mêmes" [...]. Mais s'il est certain que le temps n'est pas un fait de l'univers absolu, il n'en est pas moins un *fait absolu*[1]. » (Il faudra donc chercher le temps dans le mouvement de la succession vécue par la conscience, « sans pour autant professer un quelconque subjectivisme[2] ».)

Il y a, pour Patočka, un aspect du problème qui demeure le même. Que l'on accepte la thèse selon laquelle le temps serait un effet de la réalité même, qui œuvre de manière créatrice, ou plutôt celle qui voit la succession comme dépendante de la perspective de la conscience humaine, sans rapport avec les choses en elles-mêmes, reste toujours que le temps comme phénomène a un « caractère créateur » :

> Dans les deux cas, le temps est une création, il fait naître dans l'univers quelque chose de foncièrement nouveau, [...] et il est donc également une manifestation de la liberté, voire la liberté elle-même[3].

Pourquoi le temps qui apporte du nouveau et de l'imprévisible est-il une manifestation de la liberté ? Et de quelle liberté ?

Dans une première hypothèse, qu'on peut attribuer à Bergson, il s'agit, selon la présentation de Patočka, de la liberté propre au temps de l'univers lui-même, depuis les atomes jusqu'aux êtres vivants. L'homme avec sa liberté y est « proche de l'essence de l'être universel, il est partie intégrante de l'univers, encore que son ambition suprême soit de le dépasser par des enrichissements nouveaux[4] ». Dans la seconde, l'hypothèse d'un monde objectif atemporel, « éléatique », c'est-à-dire sans la succession réelle qui apporte des contenus nouveaux, la liberté, le temps et la création sont l'affaire plutôt de l'homme que de l'univers, et il ne s'agit pas du contenu du monde, mais de la forme sous laquelle il est vécu. Dans cette seconde hypothèse, nous dit Patočka, la liberté serait liée à l'inadéquation, au caractère négatif du rapport de l'homme au monde.

1. « [Studie o času I] », PoD-III, p. 627.
2. *Loc. cit.*
3. *Loc. cit.*
4. *Ibid.*, p. 628.

À ces quelques traits on reconnaît déjà sa propre position, esquissée dans d'autres textes relevant du projet du « platonisme négatif ». La liberté appartient à l'homme en vertu de sa position extraordinaire dans l'univers, dont il fait partie et dont il est en même temps mis à part par la perspective négative, réfractée, « dramatique », propre à l'expérience humaine du monde [1].

Si Patočka expose ici les deux hypothèses, c'est pour mieux insister sur la « nécessité d'analyser le problème du temps en dehors de ces alternatives métaphysiques [2] ». Le point de départ n'est pas l'hypothèse d'un monde temporel sans succession – hypothèse métaphysique qu'il ne reprend pas à son compte – mais le fait de la successivité et l'existence du monde extérieur.

Patočka commence son analyse par distinguer entre la succession dans le monde temporel, d'une part, et la conscience de la succession, d'autre part. Quand bien même il nous serait impossible de dire, une fois pour toutes, si la conscience du temps dépend de la succession des choses ou si c'est, au contraire, la conscience qui impose aux choses la succession temporelle, Patočka constate le fait de la conscience de la succession. L'analyse de cette conscience peut aller jusqu'à la découverte d'un « horizon temporel » qui – par une série de « rétentions » et de « protentions » – entoure le présent actuel et dans lequel le souvenir conscient peut librement « retourner pour y sélectionner et en faire ressortir ce dont il a besoin » [3]. Patočka demande cependant si cette conception husserlienne du temps explique le caractère spécifique du temps historique.

> L'écoulement temporel avec les moments de rétention et de protention qui y sont contenus rend présent, au bout du compte, tout ce qui fait partie de son contenu – le moment actuel de même que les objets de la « queue de rétentions » ; d'une certaine manière, tout le passé est présent sur le mode de l'indétermination ; cela vaut nécessairement, de façon analogue, pour l'avenir aussi – mais tout cela montre justement que l'autre composante de la temporalité, à savoir la conscience de ce qui n'est ni donné ni présent, la conscience d'une différence radicale, n'est pas donnée dans le simple flux du temps [4].

1. *Loc. cit.*
2. *Loc. cit.*
3. « Le temps, le mythe, la foi », AT, p. 29.
4. « [Studie o času I] », PoD-III, p. 632.

Il faut donc pouvoir se détacher du présent comme tel et, pour que cela soit possible, « concevoir le présent, non pas comme quelque chose d'achevé, de fini et, partant, de passé, mais comme susceptible d'être changé par mon intervention, à la lumière donc de quelque chose qui n'est pas encore[1] ».

De là, la pertinence de la connexion entre liberté et avenir. Il faut croire, autrement dit, qu'on peut changer le cours de la réalité, qu'il peut y avoir quelque chose de totalement différent du déjà-là, de ce qui s'est produit jusqu'à présent. C'est à partir d'une telle foi, d'une telle attente, qu'on prend l'initiative de créer du nouveau. Pour arriver à cette foi, il faut y être encouragé, appelé ou, du moins, interpellé – Patočka y insiste – par l'Autre. C'est contre la résignation qui nous livre à la merci de l'univers que nous nous tournons vers l'Autre qui est en dehors du monde de l'étant : vers l'Idée. C'est là qu'un renouveau est possible. Ce n'est pas une conversion du regard qui veut contempler les Idées platoniciennes, mais une conversion qui s'ouvre à un tout autre, *heteron*, qui se prépare à un « saut radical[2] ». En cet instant (*Augenblick*), le présent se révèle comme la frontière de deux « éternités » : l'une qui engloutit toute réalité en la subordonnant au déjà-révolu, à ce qui est déjà là de temps immémorial, soustrait à notre action, hors du disponible; l'autre qui assure que le plus important est toujours au-delà de cet abîme d'impuissance. La première éternité est celle des *illa tempora* mythiques, l'autre celle de l'appel, de la résurrection. L'instant présent, entre les deux éternités, est un moment de conflit : ou bien je m'élève contre le règne du passé, ou bien je m'y résigne. Si j'opte pour la première possibilité, je suis l'appel qui m'arrache au présent, le sol se dérobe sous mes pieds. Ce n'est qu'alors, selon Patočka, que j'ai conscience du temps. « Ce conflit est le temps; vivre dans ce conflit signifie vivre dans le temps[3] », c'est-à-dire dans le temps proprement humain que le penseur tchèque désigne comme temps historique. On peut donc conclure que, pour lui, la dimension du conflit est celle de l'histoire.

Liberté et transcendance – conclusions

Dès lors, on voit plus clairement la nouvelle position de Patočka. Dans les années 1930, il partageait avec Bergson un certain *horror*

1. « [Studie o času I] », PoD-III, p. 629.
2. *Ibid.*, p. 630.
3. *Loc. cit.*

metaphysicus face à l'idée du néant. Le postulat du néant n'était pour Bergson que l'autre face, la contrepartie nécessaire de la construction de l'Être achevé, soustrait au changement, qui domine tout le devenir temporel. La critique bergsonienne de l'éléatisme est encore renforcée dans la phénoménologie. Mais pour qu'on puisse avoir conscience du devenir temporel, faire, par exemple, l'expérience du passé en tant que tel, il faut prendre des distances avec l'écoulement du temps. C'est dire qu'il faut distinguer le rapport au non-présent, au non-donné, comme relation constitutive et irréductible de la conscience. C'est ce qu'a fait déjà Husserl. Si l'on reste dans la durée – et tel est le but de l'intuition philosophique chez Bergson – tout est nivelé, tout est en quelque sorte présent. Dans la durée même, l'autre dimension de la temporalité est absente. Patočka en tire une conclusion qui s'applique également à l'analyse husserlienne du temps originaire :

Dans le simple flux temporel n'est pas donnée l'autre composante de la temporalité, « la conscience de ce qui n'est ni donné ni présent, la conscience d'une différence radicale [1] ». Dans l'adhésion au présent, au donné, on oublie cette autre composante, ce moment négatif de l'expérience du temps. L'homme doit être arraché à cet oubli. Cet arrachement, cette « ek-stase est l'avenir originaire [2] », qui est le propre du temps humain. C'est seulement face à l'imprévisible, à l'avenir ouvert, qu'on fait une autre expérience du devenir que celle de l'écoulement des présents avec leur trame de rétentions et de protentions. Pour Patočka, l'expérience proprement humaine se déploie dans un conflit avec le passé. En disant radicalement *non* à la tradition, à ce qui est simplement donné, l'on s'approche d'une compréhension autre du temps, différente de l'expérience du continuum neutre vis-à-vis de ses contenus.

Dans les deux textes de Patočka que nous venons de parcourir, la thèse qui présente le temps comme création de nouveau n'a plus la même signification que chez Bergson. « Certes, il va de soi que toute nouveauté radicale a des racines dans nos besoins et intérêts concrets, qu'elle est donc ancrée dans le passé, avec lequel elle est continuellement en contact – mais elle ne peut pas en être déduite [3]... » Patočka explique l'arrivée de ce moment de discontinuité par le rapport de l'homme à l'Idée :

1. *Ibid.*, p. 632.
2. *Loc. cit.*
3. *Ibid.*, p. 641.

> Cela veut dire que l'Idée déréalise ce qui apparaissait jusque-là comme réalité unique, elle nous permet de dépasser chaque réalité concrète, mais toujours seulement en contact avec celle-ci. L'Idée sous sa forme concrète, l'idée comme transcendance concrète (non pas simple conscience abstraite d'une transcendance) est l'avenir, c'est-à-dire une possibilité humaine nouvellement ouverte, la vie qui s'est relevée de son déclin précédent et initial [1].

Patočka parle ici du renouveau de la vie comme d'une résurrection. Il se peut que sa conception reflète, dans cette période difficile, une expérience religieuse personnelle. Des lettres contemporaines du projet du platonisme négatif confirmeraient, en effet, un engagement dans ce sens [2]. Ce qui nous paraît clair en tout état de cause, c'est qu'il ne renvoie pas à des expériences mystiques du Rien qui serait en même temps la source profonde de tout être. C'est toujours plutôt un élan vers les limites de ce qui peut être donné, pensé, créé, qui anime le renouveau de la vie et lui donne sens. Sens qui, lui, est toujours relatif, indubitablement fini. Le rapport à l'Idée est une inquiétude, une insatisfaction vis-à-vis des choses; c'est aussi un vide vécu, ouvert peut-être par un désir d'infini, mais, de ce fait justement, sans rapport avec la tendance naturelle qui nous attire vers les nouveautés. Ce genre d'inquiétude, cette curiosité qui recherche le divertissement et l'originalité à tout prix, est le contraire de ce que Patočka nomme l'« ancrage idéel », l'« idéalité » de l'homme en tant qu'il réalise sa potentialité d'être libre et de créer du nouveau. Celle-ci n'est pas le libre jeu des tendances naturelles. Elle est, pour employer une autre expression du penseur tchèque, « la vie dans la vérité [3] ».

L'histoire est un des domaines dans lesquels Patočka cherche à témoigner de l'altérité de l'Idée qui est sa manière de penser la différence ontologique. Dans l'analyse du temps, qui met en évidence la transcendance de l'être humain, la philosophie de la différence trouve un de ses fondements phénoménaux. L'avenir en son sens originel, existentiel, est le rapport de l'homme à l'ouverture de son propre pouvoir-être. C'est grâce à un rapport au passé et au présent rendu possible par l'expérience négative de l'Idée que le temps proprement humain, le temps historique, se constitue. « Le conflit actuel de l'avenir et du passé, contenu dans le

1. « [Studie o času I] », PoD-III, p. 641.
2. Cf. les lettres de Patočka à Miloslava Holubová reproduites dans M. Holubová, *Necestou cestou*, Prague, Torst, 1998, p. 296-317.
3. « [Studie o času II] », PoD-III, p. 644; trad. fr., AT, p. 36.

présent, devient ainsi la source propre de l'historicité humaine, et l'avenir, le moment de nouveauté, apparaît comme le principe générateur du temps humain, historique [1] », dit Patočka. La conception du temps historique comme « création de nouveau » est donc un moment positif que Patočka partage avec Bergson, mais il n'est possible que sur le fondement de la « force motrice du présent déchiré [2] », c'est-à-dire d'une conflictualité, d'une négativité. Le temps proprement humain, le temps historique, qui se phénoménalise par la négativité, est fondé dans « le contact, le lien avec [une] altérité » qui est « extérieure au monde temporel en totalité, ainsi qu'au flux du temps » [3]. L'historicité de l'homme, c'est sa transcendance, sa distance par rapport à l'étant. Le temps historique, l'histoire, est une manifestation de la différence ontologique qui traverse l'être humain.

> Le temps humain est précisément l'ouverture au non-encore réel, la disposition à s'élever du simplement donné à l'authentique ; et cette disposition est ancrée au bout du compte, comme nous venons de le voir, dans l'Idée – si bien que, loin d'être l'opposé de l'existence idéelle, comme se le représentaient Platon et le platonisme de tous les temps, le temps en est au contraire une conséquence et une manifestation fondamentale. Il y apparaît aussi de façon évidente, dans la problématique singulière du temps, dans son flottement entre donation et fantomaticité, dans les différentes manières de le vivre (dans la résignation passive comme dans la découverte active), que le temps lui-même *n'est pas*, mais plutôt se crée librement, qu'il n'est pas une simple donnée objective, mais bien l'œuvre de la liberté [4].

Patočka, en 1952, oppose l'un à l'autre les deux témoignages de l'Altérité que sont le mythe et la foi. À ses yeux, la foi est une modalité, une expérience possible de ce qu'il regarde comme l'origine du temps historique. La foi est une réponse plus juste à l'appel inconditionné de l'Autre dans la mesure où elle ne commet pas, comme le mythe, l'erreur de placer l'Altérité dans le temps, de « cherche[r] à rendre commensurable ce qui est, par toute son essence, *incommensurabile* [5] ». En même temps, dans ce même bref essai publié sous le titre « Le temps, le mythe, la foi », il insiste sur le rapport essentiel de l'homme à la totalité, au tout,

1. « Le temps, le mythe, la foi », AT, p. 31.
2. *Loc. cit.*
3. *Ibid.*, p. 33.
4. « [Studie o času I] », PoD-III, p. 643. Nous soulignons.
5. « Le temps, le mythe, la foi », AT, p. 35.

notant que, si « l'avenir négateur peut être compris sur le fondement de l'avenir total, [...] l'inverse n'est pas vrai, celui-là ne permet pas de saisir celui-ci [1] ». La négativité n'est donc pas co-originaire de la positivité, mais ce qui caractérise l'acte de foi comme vécu authentique du temps humain, c'est que tout en « regardant la réalité sous son aspect le plus sobre, sans la moindre idéalisation, sans la moindre illusion quant à nos capacités de la saisir en totalité, [il] ne perd pourtant pas de vue l'exigence absolue et son incommensurabilité [2] ». En bref, l'Autre, pour Patočka, c'est l'infini. L'homme est tendu entre finitude et infini. Chaque *non*, chaque négatif semble être une limite à dépasser. Le désir insatiable qui pousse l'esprit au-delà de toute limite une fois atteinte est la source de la liberté et de la créativité. Le désir est un moment qui explique le dynamisme de la vie humaine. Sur ce point, la proximité de Patočka avec Husserl est indéniable, car il s'agit chez tous les deux d'un désir de l'esprit.

Ce qui est nouveau chez Patočka dans les années 1950 par rapport à ses premiers essais des années 1930, c'est la signification de la transcendance. Ce n'est plus un absolu en nous, mais le lien avec une « altérité absolue » qui constitue l'apanage de l'être humain, la spécificité de son mode d'être. Nous en avons vu une manifestation dans l'expérience de l'avenir, qui ouvre à l'inconnu et à l'inattendu, au-delà de toute typique s'étendant devant nous par protentions. Il semble clair que, dans son platonisme négatif, Patočka fait sien le motif heideggérien de l'ouverture qui n'est pas l'œuvre de l'homme, pas plus qu'elle n'est donnée par l'autoconstitution d'horizon du temps au sens husserlien. L'autre source de la créativité, de la liberté du temps humain, c'est l'espace ouvert par la transcendance, espace que l'homme ne se donne pas par un acte autonome de la raison, mais que Patočka essaie de penser comme une participation à la différence au sein de l'être même.

Il a en cela une autre source d'inspiration encore, outre Heidegger. On sait, par la partie publiée de sa correspondance avec Robert Campbell, que Patočka lisait Emmanuel Levinas à la fin des années 1940. S'il avoue ne pas toujours bien voir où Levinas veut en venir, il ne cache pas son admiration [3]. La possibilité qu'il ait eu connaissance aussi d'un

1. « Le temps, le mythe, la foi », AT, p. 32.

2. *Ibid.*, p. 35.

3. Cf. J. Patočka, « Lettres à Robert Campbell 1946-1950 », *Les Temps Modernes*, 48 (1992), n° 554, p. 30.

texte comme *Le temps et l'autre*, publié en 1948 [1], nous incite à mettre certains énoncés de Levinas sur l'avenir en parallèle avec ce que nous venons de voir chez Patočka. Il y a, en effet, un thème commun aux deux penseurs, interprètes, l'un et l'autre, de Heidegger, un thème qui les distingue de celui-ci : c'est l'ouverture de l'avenir, qui n'est pas fermé par la structure de l'« être-pour-la-mort ». L'être-pour-la-mort dispose en quelque sorte de l'avenir, car ce rapport à l'avenir imprévisible est une certitude, la possibilité inéluctable de l'impossibilité d'une continuation de la vie. Il y a une perspective religieuse commune à Levinas et à Patočka, du moins dans les textes que nous venons de commenter. Levinas ne dit pas seulement que l'avenir « est absolument autre et nouveau [2] », mais aussi, dans le cadre d'une polémique avec Bergson : « Plus que le renouvellement de nos états d'âme, de nos qualités, le temps est essentiellement une nouvelle naissance [3]. » De même, nous trouvons chez Patočka, outre la critique de Bergson évoquée ci-dessus, la thèse selon laquelle le renouveau de la vie qu'apporte l'altérité absolue de l'avenir par rapport au flux du temps s'écoulant sous la domination du passé est une « résurrection de la vie », une re-naissance. Les deux penseurs semblent associer à l'avenir l'espoir non seulement du renouveau au sens d'un retour au soi profond, du renouveau de ce qui est le destin immuable de l'individu, mais encore d'une sortie hors de soi, vers l'autre, du fini vers l'infini. Même l'accent mis par Levinas, dès ses premiers textes de l'après-guerre, sur l'être-avec comme dimension originelle où s'ouvre l'autre pensé à partir de l'avenir (thèse qu'on ne trouve pas, dans cette radicalité, chez Patočka dans les années 1950) trouvera par la suite un écho dans sa conception du troisième mouvement de l'existence, le mouvement de percée, qu'il caractérise parfois comme « dévouement à autrui », « don de soi » [4].

1. Dans J. Wahl (dir.), *Le choix – le monde – l'existence*, Grenoble/Paris, Arthaud, 1948, p. 125-196.

2. E. Levinas, *Le temps et l'autre*, Montpellier, Fata Morgana, 1979, p. 71.

3. *Ibid.*, p. 72.

4. Cf. « Notes sur la préhistoire de la science du mouvement… », MNEMH, p. 11 ; « Le monde naturel et la phénoménologie », *ibid.*, p. 45 ; « Méditation sur *Le monde naturel…* », *ibid.*, p. 122-123 ; « [Leçons sur la corporéité] », PP, p. 113 ; et enfin l'interprétation de ce motif par F. Karfík, *Unendlichwerden durch die Endlichkeit*, notamment p. 71-81.

CHAPITRE V

L'EUROPE ET LA POST-EUROPE DANS LA RÉFLEXION PHILOSOPHIQUE DE JAN PATOČKA

> *Nous n'avons aucun autre mode de pensée explicite que celui de l'Europe, et il faudra nous montrer capables d'une attitude extrêmement critique à son égard précisément si nous voulons prendre en vue l'avenir dans les problèmes spécifiques qui sont les siens.*
>
> Jan PATOČKA

On a plus d'une fois signalé le risque d'eurocentrisme que comportent les textes de Jan Patočka sur la philosophie de l'histoire. Il s'agit notamment de son dernier ouvrage, *Essais hérétiques sur la philosophie de l'histoire*, dont plus d'un passage central pourrait être lu carrément comme un plaidoyer pour un tel point de vue. Ces passages sont ceux où Patočka s'inspire des thèses d'Edmund Husserl et de Martin Heidegger sur l'historicité de l'histoire proprement dite; malgré des différences importantes, les deux fondateurs de la phénoménologie s'accordent pour identifier l'émergence, le renouveau et le déclin de l'histoire avec ceux de l'esprit philosophique dont l'Europe occidentale porte l'empreinte.

Patočka lui-même affirme à un moment, dans une formule incisive, qu'il n'y a, à proprement parler, pas d'autre histoire que celle de l'Europe[1]. Une telle conception, avec la philosophie de l'histoire que cela entraîne, paraît, de fait, naïvement, voire dangereusement eurocentrique. Nous nous proposons ici de considérer ces deux points, la naïveté et les risques de la philosophie de l'histoire de Patočka, à la lumière de ses réflexions sur la « post-Europe », selon lesquelles nous vivrions désormais après la fin de l'histoire dont le caractère a été déterminé par l'Europe, à une époque où l'histoire n'a plus son centre en Europe. On remarquera que Patočka formule ses thèses en apparence les plus eurocentriques au même moment où il constate expressément la fin de l'Europe et tente de s'expliquer avec la situation nouvelle qui en découle.

On peut trouver paradoxale la coexistence de ces deux constatations : il n'y aurait d'autre histoire que celle de l'Europe, mais nous vivons désormais, à tout le moins depuis les années soixante du XXe siècle, une époque nouvelle, caractérisée comme « posteuropéenne ». En d'autres termes, l'histoire continue – l'Europe n'y a pas mis le point final en perdant, en tant que puissance politique, la lutte pour le monde ou, du moins, pour l'hégémonie mondiale.

Reste à savoir exactement ce qu'on entend ici par « histoire » : qu'est-ce qui fait de l'histoire ce qu'elle est ? À cette question, Patočka a une réponse bien précise, dont le fil court sous différentes formes à travers toute son œuvre, et qui repose sur l'hypothèse suivante : l'histoire a des fondements spirituels à partir desquels elle est à comprendre. C'est la dimension dans laquelle la vie parvient à une clarté sur elle-même et en témoigne. Cela admis, si l'on tient pour acquis que l'historicité est ancrée dans l'existence spirituelle de l'homme, dans son héritage spirituel, dans l'essor par lequel il se relève de la déchéance (l'hypothèse de Patočka présuppose, en effet, une tendance générale au déclin), il faut demander ensuite ce que l'Europe, dans la situation nouvelle, a encore spirituellement à offrir. La post-Europe est-elle historique selon cette définition, capable d'histoire au sens propre du terme ? Soit, en dernière analyse : comment, à partir de quels cadres plus généraux, penser la continuité et la discontinuité entre l'ancien et le nouveau, en conservant le point de départ qui, quand bien même il ne serait plus central, ne nous en détermine pas moins, inéluctablement, comme héritiers de l'Europe, de son esprit et de son histoire ?

Les textes du début des années 1970 sur « l'ère » ou « l'époque posteuropéenne de l'histoire », que Patočka n'a lui-même livrés au public que pour une petite part, mais dont la thématique a marqué aussi

1. PE, p. 225 : « Or, l'histoire est l'histoire de l'Europe, il n'y en a pas d'autre. »

ses derniers écrits, permettent de retracer la constellation dans laquelle les deux thèses parallèles se sont imposées à sa réflexion [1]. C'est ce que nous essaierons de faire ici, en montrant d'abord brièvement comment Patočka conçoit l'élément spécifiquement nouveau de l'époque post-européenne, avant de présenter, dans deux étapes, la double approche dans laquelle il part de l'Europe de façon constructive tout en se distanciant de la vieille Europe et en en opérant la destruction historique. Nous conclurons enfin en esquissant, sur la base des derniers écrits, la réponse positive que Patočka apporte au défi de l'époque posteuropéenne.

LE CONCEPT DE « POST-EUROPE »

Il est clair avant tout que ce concept est lié à la fin de l'Europe. La fin de l'Europe est constatée comme un fait historique : au cours de la Seconde Guerre mondiale, l'Europe a achevé de perdre sa position hégémonique dans le monde. Partant de là, Patočka tente de décrire la situation nouvelle, issue de cet état de choses, et celle qui, encore en gestation, s'annonce. La manière dont il parle de l'Europe et de la post-Europe témoigne à l'évidence qu'il ne pense pas l'Europe au sens géographique ; qu'il s'agisse d'« Europe » ou de « post-Europe », l'objet

1. Le seul texte que Patočka ait publié de son vivant est la conférence de 1969 intitulée « Les fondements spirituels de la vie contemporaine » (« Duchovní základy života v naší době », *Křesťanská revue*, 37 [1970], n° 1, p. 12-15 et n° 2, p. 33-40; repris dans le volume 2 des *Œuvres complètes : Péče o duši II*, Prague, OIKOYMENH, 1999 [édition établie par I. Chvatík et P. Kouba] ; traduit dans LS, p. 215-241). Le thème de la « post-Europe », qu'il y formule pour la première fois, sera ensuite développé dans plusieurs textes rédigés en allemand – *Die nach-europäische Epoche und ihre geistige Probleme* (« L'époque posteuropéenne et ses problèmes spirituels »), *Europa und Nach-Europa* (« L'Europe et la post-Europe »), *Das Geschichtsschema* (« Le schéma de l'histoire ») – que ses élèves intégreront, en 1988, dans le troisième des six volumes que l'édition *samizdat*, qualifiée désormais de « collection d'archives », consacrait au thème du « soin de l'âme » (*Archivní soubor prací Jana Patočky, Péče o duši*; ci-après AS/PoD); certains seront repris dans le second volume de l'édition allemande des *Œuvres choisies* réalisée à l'initiative de l'Institut für die Wissenschaften vom Menschen de Vienne (*Ketzerische Essais zur Philosophie der Geschichte und ergänzende Schriften* [ci-après KE], Stuttgart, Klett-Cotta, 1988; édition établie par K. Nellen et J. Němec) et traduits en français, en 2007, dans le volume intitulé *L'Europe après l'Europe*. Il s'est conservé aussi des manuscrits de travail plus brefs, publiés en traduction tchèque dans les tomes 2 et 3 des *Œuvres complètes*. Dans ce qui suit, nous nous référerons en particulier à l'un de ces fragments, sans titre (Archives Patočka, n° 3000/104), traduit également dans *L'Europe après l'Europe* (p. 243-260) sous le titre « Les problèmes de l'ère posteuropéenne ».

de sa réflexion est bien plutôt le phénomène historique, le seul par rapport auquel les notions de naissance et de déclin aient un sens.

Ce qui caractérise notre situation comme nouvelle, c'est la tendance de la civilisation technique rationnelle (initialement chez elle en Europe, mais dont les manifestations impliquent une prétention à l'universel) à se globaliser, à s'étendre à l'ensemble de la planète. L'Europe, qui a engendré cette civilisation comme présupposé d'une humanité planétaire, n'en est plus le porteur sur le plan du pouvoir politique. La dynamique qui tend vers une histoire concrètement « universelle » est historiquement liée à l'Europe, mais celle-ci, dans les catastrophes des deux guerres mondiales, s'est supprimée en tant que centre de l'histoire du monde.

Qu'y a-t-il donc de nouveau dans cette situation ? Qu'est-ce qui pousse Patočka à parler ici d'une césure radicale, d'une rupture ? Il part, dans l'ensemble de sa réflexion sur la philosophie de l'histoire, de l'idée de l'histoire comme reposant sur des « fondements spirituels » qui seuls la rendent compréhensible. C'est une conviction qu'il défend encore dans ses derniers écrits, qu'on retrouve aussi bien dans les textes des années 1970 que dans ceux des années 1930, 1940 ou 1950. Au cours du temps, les concepts impliqués – l'*H*istoire, l'*E*sprit, l'idée d'une fondation ou d'un fondement *un* – apparaissent cependant tous comme de plus en plus problématiques. Le nouveau qui entre en jeu chez Patočka au début des années 1970, plus précisément avec la conférence « Les fondements spirituels de la vie contemporaine », ce n'est pas la réflexion sur la problématicité de ces concepts. Cette réflexion, il l'a amorcée bien auparavant, sans pour autant rejeter les concepts comme tels. À présent non plus, il ne les désavoue pas, il ne s'agit pas pour lui de les remplacer par d'autres. Il essaie plutôt de s'expliquer avec le nouveau *Zeitgeist* de l'humanité planétaire qu'il voit émerger sous l'influence de la civilisation technique rationnelle.

Il y a un tableau de ce monde nouveau auquel Patočka se réfère avec persistance dans ses textes sur la post-Europe, un tableau qui voit la « paralysie spirituelle » de l'Europe, sa « culture décadente du subjectivisme » battre en retraite face au vouloir-vivre énergique des nations extra-européennes[1]. Opposé à la valorisation optimiste de la

1. Patočka se réfère à l'optimisme qu'il perçoit dans l'analyse de l'actuelle époque « postmoderne » par Geoffrey Barraclough. Cf. G. Barraclough, *An Introduction to Contemporary History*, Londres, C. A. Watts & Co., 1964 (*Une introduction à l'histoire contemporaine*, Paris, Stock, 1967 ; trad. A. Laurens) et J. Patočka, « Les fondements

conjonction de ce vouloir-vivre avec les conquêtes techniques de la science, Patočka rappelle que même l'esprit « positif » et, en apparence, « postmétaphysique » qu'engendrerait cette alliance impliquerait toujours une vision déterminée de la réalité. Il reste là-dessus très sceptique, car la vision rationaliste du réel ne peut jouer le rôle du fondement spirituel qui fait l'objet de son questionnement.

Le corps global, planétaire de la civilisation technique ne lui semble pas avoir d'esprit distinct de la *ratio* instrumentale. Jugeant la rationalité scientifico-technique, avec son action niveleuse, incompatible avec une spiritualité de ce genre, il demande si la vision technique de la réalité qui est celle de la science moderne dépasse réellement l'esprit de la vieille Europe – le subjectivisme – et si elle peut déterminer positivement l'époque commençante de l'humanité comme distincte de la précédente. Sa réponse sur ce point est sans ambiguïté : il voit l'extension planétaire de la science et de la technique comme une absolutisation de la *ratio* au sens d'une réduction exclusive à ce que Kant définit comme l'entendement (*Verstand*). Correspond à cette attitude de l'entendement calculateur une praxis qui part du présupposé de l'absoluité du sujet; sur ce point, la vision technique qui s'étend à la planète entière ne serait qu'un prolongement de l'Europe « moderne », subjectiviste, dont Patočka caractérise l'erreur fondamentale comme « la clôture sur soi par absolutisation [1] ».

Si en revanche notre actualité est effectivement nouvelle – et Patočka prend pour point de départ la discontinuité du présent par rapport au XIXe siècle, placé sous le signe de l'Europe, discontinuité qu'il considère comme un fait –, il s'ensuit que l'élément nouveau de l'époque post-européenne ne peut pas consister dans cette attitude qui, reposant intégralement sur la rationalité instrumentale, est à proprement parler étrangère à l'esprit. Le problème est ainsi, pour Patočka, de savoir ce qui viendra remplir le vide spirituel de la nouvelle humanité planétaire

spirituels de la vie contemporaine », LS, p. 218 (pour les passages cités ici, mais l'ouvrage de Barraclough est, de fait, évoqué dans tous les textes mentionnés dans la note précédente à l'exception du « Schéma de l'histoire »).

1. J. Patočka, « Die nach-europäische Epoche und ihre geistige Probleme », AS/PoD-3, p. 379; trad. fr. « L'époque posteuropéenne et ses problèmes spirituels », EE, p. 216. (Le texte publié sous ce titre correspond aux pages 11-15 du tapuscrit d'un essai conçu initialement comme une simple traduction de la conférence de 1969 déjà citée; les dix premières pages sont identiques au début de l'essai *Europa und Nach-Europa*; les aléas du sauvetage des manuscrits de Patočka ont détaché de l'ensemble les pages 15a-50 qui ont donc été, en français et en allemand, publiées à part [voir *supra*, p. 67, note 1, et *infra*, p. 146, note 5], mais seraient à lire à la suite.)

lorsque celle-ci aura été pénétrée de façon déterminante par la civilisation technique. Bien entendu, il ne prétend pas résoudre ce problème à la place de l'humanité future ; il est impossible de dire maintenant comment celle-ci optera ; Patočka propose néanmoins une condition formelle de la spiritualité en tant que telle : ce qu'il appelle l'« âme ouverte[1] ». Pour être capable d'une dimension spirituelle, l'homme devra demeurer, à l'époque posteuropéenne encore, ce qu'il a toujours été : « un être existant qui ne se ferme pas, mais dont la devise est l'ouverture[2] ». Il s'agit manifestement, chez Patočka, de formuler une sorte de condition transcendantale de la possibilité d'un homme doté d'« âme », ayant une existence spirituelle. On dirait qu'il tient simplement à préserver cette dimension de l'ouverture face au nivellement qu'opère la rationalité scientifico-technique. Pourtant, ce n'est là non plus rien d'essentiellement nouveau en regard de sa philosophie antérieure, laquelle a constamment défendu la continuité de l'existence spirituelle ayant son noyau intime dans un essor individuel vers l'authenticité. Qu'y a-t-il de nouveau, ici et maintenant, qui instaure une discontinuité ?

L'élément nouveau, le fait auquel Patočka se confronte pour la première fois dans la conférence « Les fondements spirituels de la vie contemporaine », réside dans le pluralisme des substances historiques qui ne se laissent plus dominer par la substance européenne, quand même il puisent en partie – à leurs propres fins – dans son héritage. « La mise a découvert du pluralisme des substances » est, dit-il, un phénomène qui « pourra se révéler plus profond et plus révolutionnaire que nous ne le pensons aujourd'hui »[3]. C'est donc, au plus tard, ici que la signification de la réflexion sur la particularité et la limitation de la tradition européenne devient évidente chez Patočka.

Le nouveau problème qui se pose ainsi consiste dans la contradiction de la rationalité qui exige « une vue d'ensemble unitaire, partant d'un même point », une homogénéisation donc, à laquelle s'opposent désormais, de plus en plus décidément, les différentes sources spirituelles qui demeurent vivantes dans des cultures autres, en dehors de l'Europe. Nous allons au-devant d'un risque de conflits dévastateurs,

1. Cf. « Die nach-europäische Epoche und ihre geistige Probleme », AS/PoD-3, p. 379 ; trad. fr., EE, p. 216.

2. « Les fondements spirituels de la vie contemporaine », LS, p. 241.

3. *Ibid.*, p. 224.

dans lesquels ces différentes cultures se raidiraient, chacune idéologisant ses propres positions [1].

En même temps, Patočka se rend compte que, pour se justifier, la réflexion générale sur l'histoire qu'il se propose d'entreprendre devra établir explicitement un cadre à l'intérieur duquel l'européen, l'extra-européen et le posteuropéen se laissent différencier et rapporter l'un à autre. Il lui faudra donc choisir une hypothèse, au risque ou de restreindre excessivement le cadre de sa réflexion ou de le rendre trop formel et, partant, trop large. Comme cadre fondamental, déterminant, Patočka propose derechef l'esprit en tant que « forme et essence universellement déterminante » de la réalité. Afin de réaliser concrètement son hypothèse, il veut « dépasser "l'esprit du temps" (*Zeitgeist*) au sens de l'essence descriptive d'une époque déterminée » pour constater que chaque « esprit » de ce genre « repose sur une certaine représentation de ce qu'est l'esprit, de son caractère et de sa mission fondamentale » [2]. Les résultats auxquels ses analyses aboutissent seront alors à rapporter à ce choix initial, à l'hypothèse de départ sur le cadre fondamental, car ses descriptions et analyses partent elles aussi d'une représentation, tout d'abord provisoire, puis de mieux en mieux définie, « de ce qu'est l'esprit, de son caractère et de sa mission fondamentale ». C'est ainsi, pas à pas, et pourtant dans une perspective prédéterminée, qu'il entend justifier également son hypothèse comme cadre méthodologique universel dans lequel il développe ses thèses sur la continuité et la discontinuité de l'histoire non plus européenne, mais planétaire.

UNE FONDATION PLUS PROFONDE DE LA RATIONALITÉ

Patočka, qui veut prendre au sérieux la pluralité irréductible une fois constatée, se demande si la perte de fait, par l'Europe, de son rôle central n'entraîne pas aussi, nécessairement, un dépassement des principes qui l'ont formée en lui donnant historiquement sa figure spécifique. C'est un tel dépassement que lui-même a en vue dans sa tentative connue pour opposer au subjectivisme cartésien, source de la techno-science, une ontologie asubjective de l'être-au-monde. Patočka s'inspire là aussi bien du programme husserlien d'une « fondation plus profonde de la

1. Cf. « L'époque posteuropéenne et ses problèmes spirituels », EE, p. 212.
2. Cf. « Les fondements spirituels de la vie contemporaine », LS, p. 215-216.

rationalité » que de l'idée heideggérienne de la différence ontologique. C'est, chez Patočka aussi, une entreprise transcendantale, dont le questionnement vise les conditions de possibilité du sol sur lequel on pourrait chercher une solution du problème de l'humanité post-européenne dont on assiste *de facto* à la naissance sur les chemins de la globalisation. C'est une tâche à saisir activement, celle de « fournir une assise à l'humanité de l'histoire posteuropéenne [1] » qui a peut-être été rendue possible par la débâcle de l'Europe :

> L'époque posteuropéenne se place sous le signe d'une chance, d'une possibilité grandiose qui pourrait introduire l'ensemble de l'humanité dans l'avenir, non seulement de l'entendement technique, mais de la raison (*Vernunft*) se comprenant elle-même [2].

Cette tendance à renouer avec la rationalité constitutive d'unité est liée à l'entreprise transcendantaliste d'une fondation plus profonde de la rationalité, idée de Husserl à laquelle Patočka n'a jamais renoncé. Le « seul moyen » de prévenir « la division de l'humanité posteuropéenne », dit Patočka, de « conjurer cette tension, au-dedans comme au-dehors, sera d'approfondir le fondement de la rationalité par rapport à ce à quoi l'on était parvenu, en Europe, à l'époque de l'histoire dominée par l'Europe » [3]. D'autre part, il rattache aussi la solution qu'il propose à la manière dont il a assimilé la différence ontologique en établissant, au lendemain de la guerre, une opposition entre l'idéologie et la vie dans l'idée [4]. Avec l'« âme ouverte », il préconise désormais l'attitude de l'ouverture, correspondant à « l'ouvert », à quelque chose qui n'est pas susceptible d'une détermination positive, qui, comme l'Idée dans son « platonisme négatif », ne peut être caractérisé que par sa différence d'avec toute déterminité. Il préconise l'ouverture au mystère, vécu différemment dans chaque tradition spirituelle [5].

La dimension la plus profonde du soin de l'âme, dont Patočka parle dans ses dernières réflexions comme du principe spirituel de l'Europe, est le rapport explicite à ce qui, en tant que mystère, rend chancelante

1. « L'époque posteuropéenne et ses problèmes spirituels », EE, p. 218.

2. « Europa und Nach-Europa », KE, p. 220; cité d'après la traduction d'E. Abrams et M. de Launay, « L'Europe et après », EE, p. 53.

3. Cf. « L'époque posteuropéenne et ses problèmes spirituels », EE, p. 212-213.

4. Voir *supra*, p. 126, note 1.

5. Voir « Réflexion sur l'Europe », LS, p. 181-213. (Il s'agit en réalité, comme E. Abrams le signale dans sa présentation de *L'Europe après l'Europe*, de la suite et fin [p. 15a-50] du texte traduit dans ce même volume sous le titre « L'époque posteuropéenne et ses problèmes spirituels »; voir *supra*, p. 143, note 1.)

toute figure donnée de l'esprit. « L'esprit, c'est l'être-ébranlé[1]. » Comme dans le platonisme négatif, cette proposition est un refus opposé à la philosophie métaphysique, qui biffe tout ce qui ne se laisse pas saisir en une guise positive et objectiver. Contre la mise au pas et l'homogénéisation du monde, Patočka rappelle l'expérience de la transcendance qui, cela dit, n'est pas à fixer positivement, à subordonner à un savoir objectif; elle doit, au contraire, demeurer négative.

Le danger immanent d'eurocentrisme et la prise de conscience critique de l'Europe

Si l'on comprend l'idée de l'« âme ouverte » comme une distanciation active à l'égard des visées hégémoniques de la technique, elle sera à interpréter, dans le contexte nouveau de l'époque posteuropéenne, comme la marque d'une autocritique des Européens face aux autres.

Pourtant, la distanciation active de l'« âme ouverte » recèle elle aussi un danger d'eurocentrisme qu'il ne faudrait pas sous-estimer. Patočka oppose sa conception à l'esprit de l'époque précédente, celle de la généralisation de l'Europe qui, en l'absence et dans l'attente d'une véritable prise de conscience planétaire de l'humanité, était – pour reprendre ses propres termes – une période de peur et de désaveu cynique de l'humain. L'« âme ouverte » de l'Européen devra, nous dit-il, mettre en place une attitude spirituelle à la mesure du monde nouveau. Si l'on comprend toutefois cette attitude comme la recherche d'une assise transcendantale pour l'humanité posteuropéenne, l'« âme ouverte » recèlerait un danger d'eurocentrisme dans la mesure où elle affirme toujours la suprématie spirituelle de l'Europe, contestée pourtant par les sociétés extra-européennes et dont la remise en cause caractérise justement la situation nouvelle.

En d'autres termes, il n'est nullement certain qu'en adoptant, en tant qu'Européens, l'attitude de l'« âme ouverte » dans notre contact avec d'autres traditions spirituelles, c'est-à-dire en nous rapportant à l'autre à travers le concept transcendantaliste d'ouverture à un transcendant qui

1. J. Patočka, « Cesta k vybřednutí z války » (manuscrit de travail se rapportant au sixième des *Essais hérétiques*), PoD-III, p. 490; cité d'après la traduction d'E. Abrams, « Vers une sortie de la guerre », *Esprit*, n° 352, février 2009, p. 158 : « L'esprit n'est ni *esprit de la pesanteur*, chameau, ni génie ailé. L'esprit, c'est l'être-*ébranlé*. »

reste dans l'indétermination, nous fassions preuve d'une moindre suprématie spirituelle qu'en mettant en œuvre une conception déterminée du transcendant ou, le cas échéant, en le niant. Dans ce contexte, je verrais un danger d'eurocentrisme dans le fait de prescrire au monde entier, en même temps que la raison technique niveleuse, la mission d'ouverture au mystère des choses que nous, les rationalistes que nous sommes, nous imposons. Bien sûr, reste aussi à savoir si c'est bien ainsi que Patočka entendait sa plaidoirie pour l'« âme ouverte ». D'autres passages de ses écrits témoignent pourtant à l'évidence qu'il n'était pas sans se rendre compte de ce danger d'eurocentrisme, que son projet d'âme ouverte n'était donc pas, à l'origine, conçu et élaboré uniquement dans une optique transcendantaliste.

La réflexion européenne « n'est [...] pas destinée à prévenir la réflexion extra-européenne » ou à la rendre superflue ; la signification d'une telle prise de conscience de l'Europe réside, au contraire, dans le fait d'« amorcer et de féconder » la réflexion en dehors de l'Europe. C'est dire qu'en proposant, grâce à la conception de l'existence comme « âme ouverte », de « constituer l'ouverture nécessaire aux problèmes spirituels de demain [1] », Patočka n'entend rien prescrire ni même proposer aux autres ; loin de là, sa conception s'adresse avant tout, de façon critique, à sa propre tradition, à la tradition européenne.

Cette critique de sa propre tradition, qui ne s'arrête pas au sujet absolu des Temps modernes mais remonte plus loin, jusqu'aux commencements de l'Europe, nous pouvons la qualifier, avec Patočka, de destruction de la métaphysique européenne de l'esprit [2]. C'est dans cette destruction historique que le principe spirituel central de l'Europe, ce principe du soin de l'âme que Patočka, au fond, n'a jamais perdu de vue, est pour la première fois nettement dégagé. On le sait, il fera ensuite de ce principe le thème central de plus d'un texte sur la philosophie de l'histoire, en lui assignant un rôle ambigu. C'est le principe gréco-

1. J. Patočka, « Was Europa ist... », AS/PoD-6, p. 306 ; trad. fr. « Ce qu'est l'Europe – sept fragments », EE, p. 241 (trad. mod.).

2. Le fragment 3000/104, déjà mentionné, qui se rattache à l'essai « L'époque posteuropéenne et ses problèmes spirituels », commence ainsi (EE, p. 243) : « Les problèmes qui se posent à l'époque présente de l'histoire et que nous avons tenté d'esquisser dans ce qui précède ne se laissent dégager qu'au prix d'une distanciation tout à fait radicale à l'égard des modes traditionnels, européens, de réflexion sur l'histoire universelle. » Sur la destruction, voir p. 254 : « La métaphysique de l'histoire est, pour sa part, jusqu'à présent, une métaphysique spécifiquement européenne de l'esprit, qui se rattache à la philosophie européenne en tant que métaphysique en général. Sa révision sera, pour cette raison, une révision de cette métaphysique en général et, vraisemblablement, sa destruction. »

chrétien, intérieurement différencié, de la vieille Europe, qui n'a pas été pensé jusqu'au bout dans son authenticité et qui pourra peut-être servir, sinon de norme, du moins de point de repère aussi à la spiritualité de la nouvelle ère historique qui s'annonce, du moins pour les Européens que nous sommes. Le concept de soin de l'âme a, à tout le moins, une double face, conduisant aussi bien à l'extension de la rationalité à tous les domaines de la vie qu'à l'examen critique et au dessaisissement de soi.

Aux yeux de Patočka, ce qui distingue l'Europe et la met à part est la tendance à l'universalité qui est une conséquence de sa conception du *logos*. Le « généralement compréhensible », le « rationnel » « tend à s'étendre à tout et à tous, ne laisse rien en dehors de sa sphère, soumet la vie entière à une réflexion qui la passe au crible en retenant ce qui peut être vérifié et réalisé dans son cadre » [1]. Le rationnel ainsi compris est, selon Patočka, ce que les Grecs nommaient le *logos*, « élément [...] éminemment relatif à l'histoire », car qui demande à être « activement réalisé » [2]. La « spécificité de l'histoire européenne » réside alors dans le fait « qu'on a véritablement tenté de réaliser ici une certaine conception du *logos* en tant que puissance et autorité spirituelle, conception qui a marqué de son empreinte toute une humanité avec ses activités, ses traditions et ses institutions, et qui est devenue ainsi une réalité historique [3] ». Cette réalité s'est par la suite désagrégée, pour des raisons internes, mais jusque dans sa désagrégation, que nous vivons aujourd'hui, son principe demeure, selon Patočka, effectif, « projetant et maintenant ouverte la possibilité d'une humanité une dans un monde *un* qui n'est plus un simple monde de la vie [4] ». Or, ce principe a toujours été et demeure contradictoire. C'est l'antinomie d'un particulier qui se veut universel et qui, se heurtant dans cette volonté à une résistance non seulement logique, mais factuelle, s'y brise. Il s'ensuit que nous ne pouvons continuer, comme si de rien n'était, à orienter notre action là-dessus.

Pourtant, Patočka veut également renouer de façon positive avec ce principe actif, de façon que l'esprit atteigne, à l'ère posteuropéenne aussi, l'autorité et la puissance dont la possibilité fut instituée autrefois en Grèce. L'esprit dont il est question dans ce contexte posteuropéen est celui de la solidarité des ébranlés – non plus celui qui émerge dans la

1. *Ibid.*, p. 249.
2. *Loc. cit.*
3. *Ibid.*, p. 249-250.
4. *Ibid.*, p. 250.

lutte active de chaque âme à part pour le sens, mais un esprit qui part du néant de tout sens singulier et, d'une certaine façon, rompt précisément avec l'activisme naïf du jour.

L'exigence d'une distanciation à l'égard de notre propre tradition spirituelle est particulièrement pressante là où, comme Patočka, on veut faire de la réflexion sur les fondements spirituels le cadre d'une philosophie de l'histoire. La destruction critique de la tradition européenne culmine, dans ce texte, avec les idées suivantes :

Le dénominateur commun de cette tradition et de l'idée moderne de la supériorité de l'Europe qui en découle repose, selon Patočka, sur l'idée de la téléologie immanente de l'histoire par laquelle l'homme européen se définissait en se prenant lui-même, avec une évidence naïve, pour ce *telos*. C'est cette conviction qui a présidé à la rencontre de l'homme européen avec les humanités autres, rencontre qui s'est chaque fois soldée par une lutte que Patočka caractérise comme « lutte pour la possession et pour l'existence, lutte pour l'âme, lutte interne à l'esprit européen lui-même[1] ». Il se distancie expressément de la tradition européenne en poursuivant :

> Dans ce combat, l'humanité européenne transplantée enregistre le plus souvent des avancées victorieuses, encore que l'issue demeure indécise sur de larges secteurs du front planétaire ; l'Europe en tant que puissance maîtresse du monde y succombe, et la métaphysique de l'histoire européenne se révèle tout à fait insuffisante. [...] L'émergence d'une humanité nouvelle entraîne aussi, nécessairement, une révision principielle de la question du sens qui devra, dès lors, être posée de manière nouvelle[2].

L'HÉRITAGE SPIRITUEL DE L'EUROPE APRÈS RÉVISION

Cette révision est ce dont il y va dans les derniers écrits, notamment dans les *Essais hérétiques*, mais aussi ailleurs. Une lecture du « Schéma de l'histoire », l'un des tout derniers textes que Patočka ait consacrés à la philosophie de l'histoire, permettra ici de relever ce qu'elle a de problématique. C'est un manuscrit qui, demeuré inédit du vivant du philosophe, résume une fois encore le versant constructif de sa philosophie de l'histoire, ce qui serait à puiser pour notre actualité dans la réflexion historique.

1. « [Les problèmes de l'ère posteuropéenne] », EE, p. 254.
2. *Loc. cit.*

D'un côté, la thèse selon laquelle nous nous trouverions à, ou plutôt *après* la fin de l'histoire européenne, définie par la philosophie métaphysique occidentale, se confirme. « Notre philosophie, [...] dont partent les principales possibilités de notre existence historique, est inadéquate à l'homme historique », dit Patočka, car « à même de l'appréhender uniquement en tant que vivant » [1]. Cette insuffisance de la spiritualité européenne jusque-là, le fait qu'elle ne peut plus nous servir et que, même en prenant conscience de ses propres limites, la civilisation rationnelle n'est pas à même de les surmonter et de faire apparaître des possibilités nouvelles, tout cela amène Patočka à demander si l'homme de l'ère posteuropéenne « saura vivre de manière effectivement historique [2] ». Que, d'un autre côté, lui-même se sert toujours de son vieux concept d'historicité comme d'un principe spirituel bien précis, c'est ce dont témoigne la suite du texte :

> Une réflexion serait là de mise, un retour sur soi qui incombe, non pas à ceux qui ne font qu'entrer dans l'arène de l'histoire, mais aux Européens au sens large du terme. Qu'y a-t-il de vivant sur la terre, d'un point de vue spirituel ? Sur quoi pourrait-on appuyer encore la foi ou plutôt l'espoir en une vie qui dépasse le seul plan biologique [3] ?

Malgré son scepticisme justifié à l'égard de la spiritualité européenne jusque-là, Patočka semble pourtant se situer toujours dans son cadre en maintenant l'opposition entre vie et esprit, ainsi qu'en déniant (en apparence) cette distinction aux peuples non européens. Comme s'il appartenait aux Européens au sens large de décider de ce qui est ou n'est pas vivant au sens spirituel. Sur ce point encore – en ce qui concerne la distinction de l'être et de la vie, qu'il a déjà esquissée dans le troisième de ses *Essais hérétiques* – la question de l'histoire, telle que Patočka la pose, n'est, semble-t-il, pas exempte d'un certain eurocentrisme.

L'élément positif de l'héritage européen, ce que Patočka en retient pour l'avenir, c'est le « socratisme » du soin de l'âme, caractérisé plus précisément, dans le texte traduit en français sous le titre « L'Europe et après », par la « vue intellectuelle », « le "regard dans ce qui est" (*Einsicht*) qui dans la sphère morale porte le nom de discernement [4] ». Il

1. J. Patočka, « Die Epochen der Geschichte (Skizze) », KE, p. 183-203, ici p. 202 (titre modifié par K. Nellen et J. Němec, responsables de l'édition allemande) ; trad. fr. « Le schéma de l'histoire », EE, p. 13-36, ici p. 35.

2. *Ibid.*, p. 36.

3. *Loc. cit.*

4. « L'Europe et après », EE, p. 44.

considère le principe du discernement moral comme ce qui constitue le « noyau » de l'humanité européenne, ce qui « résist[e] aux catastrophes et aux débâcles et [est] capable d'engendrer toujours de nouvelles formes d'unité, celle-ci fût-elle plus large et plus “formelle” » ; ainsi, « les catastrophes ne seraient peut-être pas », pour l'humanité européenne, « synonymes d'échec définitif [...], s'il y a là, ancrés dans la vue intellectuelle, des cadres plus vastes pour une nouvelle formation de l'humanité » [1]. Le danger de la rationalité expansionniste de l'Europe en est donc un que Patočka a assumé en connaissance de cause.

Il a une conception très précise de ce que signifie la vie spirituelle, l'existence spirituelle – la lutte avec l'absurdité de l'être, le combat contre le déclin qui accompagne inéluctablement la vie nue. S'agissant de la capacité de résister à l'universalisation de la rationalité instrumentale que la vie comporte, de la capacité de nous affranchir de l'enchaînement à la vie que Patočka tente de penser le plus radicalement avec son concept de sacrifice, qui pousse à extrême l'opposition entre l'être et la vie, il nous semble pourtant que les civilisations extra-européennes y sont spirituellement mieux préparées que les penseurs de la différence ontologique. C'est, en effet, de cette seule différence qu'il s'agit pour Patočka, non d'un but étant, tel que le serait aussi la vie. La vie spirituelle comme renouveau de ce qui est proprement historial n'est à trouver que dans l'ébranlement de la vie concrète. La fin de l'histoire signifie pour Patočka la clôture définitive de la vie, de l'ontique, sur soi. Voilà le danger qu'il voit s'annoncer dans le nouveau monde posteuropéen et contre lequel il cherche à mobiliser l'esprit. Il part, ce faisant, de l'héritage européen, plaidant pour un socratisme nouveau, moins naïf.

Citons ici *in extenso* un passage du troisième des *Essais hérétiques* qui éclaire l'articulation de la pensée de Patočka avec un socratisme modifié par la nouvelle donne posteuropéenne :

> L'homme ne peut *en vérité* pas vivre sans sens, et cela sans un sens total et absolu : il ne peut pas vivre avec la certitude d'une *vanitas vanitatum*. Mais est-ce à dire qu'il ne puisse pas passer sa vie à l'intérieur d'un sens recherché et problématique ? D'un sens qui apparaît comme fruit d'une obscurité qui rayonne invinciblement, de façon objectivement fondée, dans le fond même de l'univers, et jamais ne pourra être abolie, mais qui admet la possibilité d'une quête, condition du sens et qui suffit pour que sens il y ait, fût-ce dans une acception profondément modifiée, sans la positivité et la naïveté intacte de naguère ? Où l'homme ne recule pas

1. « L'Europe et après », EE, p. 67-68.

> simplement devant l'obscurité, les mises en question, les contradictions, où il ne ferme pas les yeux, ne jette pas l'anathème sur tout cela, ne cherche pas à le supprimer, mais l'affronte en s'efforçant de soutenir l'épreuve ? Où, par conséquent, la fraternité de ceux qui ont été ébranlés dans leur naïveté, la solidarité qui les unit par-delà les conflits et les contradictions, est non seulement possible, mais nécessairement requise ? Où – fût-ce lentement, par étapes – quelque chose de l'ordre d'une guerre des conceptions du monde peut être surmonté sans déboucher sur une tolérance plate et indifférente, fondée dans la lassitude générale du « tout est possible » ? Il faudrait alors un socratisme nouveau, plus large et moins naïf, une ascèse nouvelle et un nouveau courage, cultivé dans les combats, le travail et le sang de cette époque des guerres les plus terribles, afin de sortir du non-sens qui menace. Au fond, ce serait le même sens que l'humanité historique cherche depuis toujours, dans l'essor qui l'a portée hors du demi-jour du sens modeste de la préhistoire, dans cette entreprise hasardeuse où il y avait infiniment à perdre, mais, au bout du compte, peut-être, assez à gagner pour que le jeu en vaille la chandelle : la vie dans la vérité, la vie de l'esprit [1].

Patočka propose donc bien une réponse au défi que nous lance l'époque posteuropéenne de l'histoire, une réponse qui invite à une spiritualité nouvelle, à même d'offrir à l'humanité comme telle une assise commune, transcendantale, plus profonde. Cette invitation semble être une entreprise hasardeuse, une gageure qui comporte un risque d'eurocentrisme, parce que la spiritualité dont il s'agit n'apporte justement pas un sol ferme mais, au contraire, fait de l'ébranlement de tout sens donné la condition d'un regard dans ce qui est, d'un « soin de l'âme » qui bâtirait là-dessus. On pourrait défendre Patočka contre le reproche d'eurocentrisme en comprenant l'« âme ouverte », le discernement moral du soin de l'âme, comme la manière dont l'Européen pourra s'expliquer avec la perte de sens à laquelle il se heurte dans le monde actuel, de même que les générations précédentes s'y sont heurtées. On objectera peut-être que, même pour les Européens, ce n'est pas là la seule manière de vivre spirituellement, en ayant une âme, et qu'il ne saurait alors, à plus forte raison, être question de l'universaliser comme forme de la spiritualité en général qui risquerait de se retourner en la même

1. « Hat die Geschichte einen Sinn ? », PoD-III, p. 584-585. (Il s'agit de la traduction allemande de l'essai « L'histoire a-t-elle un sens ? » réalisée par Patočka lui-même entre le 14 avril et le 6 juin 1975; le passage cité y remplace le dernier alinéa de la p. 124 et le premier de la p. 126 de l'édition française de 2007 [de « L'homme ne peut pas vivre sans sens… » à « … la seule où puisse se réaliser un sens absolu et pourtant accessible à l'humanité, car problématique ? »]).

« clôture sur soi par absolutisation » que Patočka désignait comme la faute fondamentale de l'Europe. Pour notre part, nous croyons plutôt, en lisant les analyses de l'histoire de l'Europe chez Patočka comme une explication avec notre propre tradition, y trouver une réflexion susceptible de nous ouvrir aux autres en nous aidant, par la critique, à mieux nous comprendre nous-mêmes.

CHAPITRE VI

L'*EPOKHÊ* COMME ÉVÉNEMENT DE LA PERTE DU SENS DE LA VIE
LA PHÉNOMÉNOLOGIE D'UN RENOUVEAU HISTORIQUE DU SENS CHEZ JAN PATOČKA

La question de l'événement et de la rupture dans l'histoire et la politique est un des thèmes auxquels Jan Patočka a intensément réfléchi. Déjà dans ses premiers textes des années 1930, il met en œuvre un concept d'ébranlement dans une tentative pour saisir la transcendance distinctive de l'être-homme. Dans sa dernière période, comprenant plus d'un écrit important consacré à l'histoire de l'Europe en général considérée sous l'angle de sa phase actuelle, il reprend ensuite le fil de ces réflexions, marquées avant tout par la philosophie de Martin Heidegger. Pourtant, le concept d'événement (*Ereignis*) n'apparaît que rarement dans ses textes, dans des passages où il s'agit de rendre compte du point de vue heideggérien. Dans ses propres réflexions sur l'histoire et la politique, Patočka emploie d'autres termes, s'agissant d'événement et de retournement ou de rupture.

UNE CONSTRUCTION PHÉNOMÉNOLOGIQUE DE L'HISTOIRE

Dans un texte de jeunesse demeuré inédit de son vivant, il évoque l'historicisme – c'est-à-dire le scepticisme à l'égard des tentatives pour parvenir, « hors du flux de l'histoire », à la vérité comme telle, « qui ne serait pas historiquement conditionnée » – comme un problème avec lequel il faudrait vivre. La réponse à ce scepticisme ne consiste pourtant pas à renoncer, en ce qui concerne la philosophie de l'histoire, à la sorte de réflexion qui pose la question du tout par lequel elle est elle-même conditionnée, même si l'accès à ce tout demeure forcément limité, partiel, du fait de la relativité. Patočka exprime à ce propos la « conviction » qui sera la sienne sa vie durant : « que la philosophie de l'histoire est une tâche nécessaire, incontournable, de l'esprit humain, une manière de penser qui se présente nécessairement en même temps que l'histoire au sens propre [...], et que la construction de l'histoire est sa tâche centrale [1] ».

Commençons par esquisser brièvement la manière dont le dernier Patočka comprend l'histoire au sens restreint, la construction de l'histoire dont il fait le projet. L'une des thèses de cette philosophie de l'histoire affirme : l'histoire européenne commence avec la perte de la croyance en l'ordre du sens universel du mythe et la transformation de l'attitude à l'égard de la réalité qui s'ensuit, transformation intimement liée à la naissance tout ensemble de la *polis* grecque et de la philosophie. Ce ne serait que là, comme Patočka le souligne à maintes reprises, que commence l'histoire au sens propre du terme. Ces changements ont un motif commun dans l'intuition de la relativité de la connexion de sens à l'intérieur de laquelle l'homme agit, l'intuition donc de la relativité du monde naturel de notre vie. Avec cette compréhension de la validité limitée de la totalité du monde de la vie qui nous est chaque fois donnée, tout sens particulier aussi est remis en question, tout critère du bien et de la justice devient sujet à discussion [2]. Dans la perspective de Patočka, il se produit, en effet, une situation où l'homme ne peut compter que sur lui-même, où il se voit livré à lui-même, car, en perçant à jour la relativité de son monde, il perd le sentiment de jouir d'une sécurité intacte au sein d'un ordre cosmique éternel. C'est ainsi que naît la tâche de concourir à créer le monde propre de la vie en commun des hommes, d'édifier, à partir de la liberté, un espace public libre pour soi et ses semblables. Cette situation serait paradigmatique de l'Europe dans la mesure où l'histoire dramatique du continent peut être prise en vue sous l'angle des traditions et ordres établis du sens qui toujours à nouveau, à certains moments de l'histoire, s'effondrent, restent sans effet, perdent la

1. « [Filosofie dějin] », PoD-I, p. 339 ; trad. all., p. 65-66.

2. Plusieurs fois, notamment à la fin des anées 1940, Patočka exprime l'idée selon laquelle le premier homme véritablement historique, le premier à se confronter sérieusement à cette situation, serait le Socrate de Platon ; voir *supra*, p. 119, note 2.

fonction « donatrice de sens » qui jusque-là allait de soi. Ces moments peuvent être regardés comme les « points catastrophiques » ou, à tout le moins, les moments de discontinuité de l'histoire européenne. Mais ce qui fait la spécificité de cette histoire, c'est plutôt la continuité, dont Patočka dit à un moment qu'elle représente « une généralisation à travers les catastrophes[1] ». Et il voit la continuité de l'histoire européenne comme instituée précisément par la tâche que pose la *polis* grecque : créer, à partir de la liberté, un espace de liberté. En même temps, il se rend parfaitement compte de l'autre face des tentatives faites pour réaliser cette liberté dans la pratique, pour la transposer en institutions et procédures concrètes, ainsi que de l'ambiguïté du principe même de liberté, qu'il prend pour base de toute l'histoire européenne au sens restreint.

C'est ainsi que, dans la version allemande du premier des six *Essais hérétiques*, il caractérise l'ambiguïté de la liberté, expressément, de la manière suivante :

> L'histoire et la liberté vont ensemble. Toutefois, il ne s'agit pas de concevoir l'histoire comme un progrès dans la conscience de la liberté. La découverte de la liberté en tant que possibilité ne signifie aucunement une victoire nécessaire de la liberté. Ceci est fondé dans le phénomène fondamental de la liberté, liée au fait que l'être humain *peut* exister dans la vérité et la responsabilité, qu'il est, partant, renvoyé à la transparence qui *n'est pas possible sans voilement*; c'est dans ce retrait qu'est fondée l'ambiguïté de la liberté, qui peut se dérober à elle-même, de même que la vérité originaire peut – ou plutôt ne peut pas ne pas – se retirer[2].

Les guerres mondiales du XXe siècle sont les dernières catastrophes étroitement liées à l'acheminement vers la généralisation d'un trait de l'esprit européen, d'un certain type de rationalité. Dans sa dernière philosophie, Patočka part du constat que, au plus tard au lendemain des deux guerres – après l'effondrement de l'hégémonie de l'Europe sur la politique mondiale, qui selon lui équivaut à l'autodestruction de l'Europe –, le fondement spirituel de la vie, qui caractérisait l'humanité, l'histoire et la politique européennes, est également entraîné dans un changement, sans que nous sachions où cette tendance va nous mener ni

1. Cf. « L'Europe et après », EE, p. 60.

2. « Vor-geschichtliche Betrachtungen », PoD-III, p. 527-528. (Le paragraphe cité fait partie d'un développement qui remplace les quatre paragraphes qui vont de la p. 29 [« Il nous est impossible… »] jusqu'à la p. 31 [« … en tant que dé-voilement. »] de la dernière édition française.)

quelle attitude adopter à son égard. Patočka écrit donc, en pleine conscience, à partir d'une situation de rupture, où il s'agit de chercher un nouveau critère d'orientation. Dans un sens, la réflexion sur l'histoire est alors, chez lui, un regard en arrière sur une conception de soi de l'homme européen dont la capacité de renouveler désormais la vie a été radicalement remise en cause par les événements politiques, événements dont les présupposés sont à trouver derechef dans l'attitude spirituelle de ce même homme européen, telle qu'elle a pris forme à la fin du XIXe siècle, sous le signe du nihilisme. Pour tenter de comprendre ce qu'il y a là de nouveau, la nouvelle situation spirituelle, il faut une autoréflexion critique sur la figure ancienne de l'attitude spirituelle à l'égard du monde et de l'histoire, à partir de laquelle on avait vécu jusque-là. Tel est, nous semble-t-il, le statut des réflexions de Patočka sur l'histoire du monde dans son ultime ouvrage; le dernier chapitre, l'essai sur les guerres du XXe siècle, qualifie ce siècle précisément de guerre, apportant ainsi une contribution à la détermination de l'époque de l'après-Europe.

L'autre face de la construction patočkienne de l'histoire est sa conception de l'historicité humaine. Selon Patočka, ce qui caractérise l'homme véritablement historique, qui marque de son empreinte l'histoire de l'Europe, voire l'histoire tout court, au sens restreint du terme, c'est la lutte pour soi-même, pour l'existence authentique, contre le déclin avec sa chute au niveau de la vie nue. C'est la faculté de l'homme de dépasser ce qui est simplement donné, sa capacité de réaliser la transcendance. Patočka appelle cette faculté l'*esprit*, c'est-à-dire la capacité d'être une personne, de former la vie en tant que sienne, authentique, à partir de normes autres que les normes impersonnelles, simplement reprises, dont la validité n'est soumise à aucune critique. Important est le fait que l'appropriation par Patočka du thème de l'authenticité à travers le concept d'esprit inclut la dimension de la lutte. Cela lui permet d'intégrer aussi d'une certaine façon la dimension politique de l'existence dans son concept de l'authenticité de l'existence spirituelle. Aucune liberté n'est donc possible sans lutte. Patočka le dit expressément, mais la lutte à laquelle il pense ici est celle menée dans l'intériorité de l'âme contre la chute naturelle de la vie dans les possibilités toutes faites, présentes là-devant, une lutte donc qui assume la charge de la responsabilité de la quête de l'être propre, authentique. En relève le fait d'être prêt à risquer sa vie pour l'être vrai, notamment dans le conflit politique.

L'historicité humaine, dynamique enclenchée dans la tension entre le donné et le fait de le transcender dans l'héritage de la liberté, est, chez

Patočka, soumise à une condition. La spécificité du concept patočkien d'esprit tient à son lien avec un ébranlement radical du sens, partant du motif du rapport du *Dasein* à la transcendance que Heidegger formule dans la conférence « Qu'est-ce que la métaphysique? » comme un « *Hinausgehaltensein in das Nichts* ». Tandis que la lutte présuppose une volonté de surmonter intérieurement le penchant de la vie vers l'équilibre, l'harmonie, la quotidienneté et certaines « valeurs du jour », une telle volonté présuppose à son tour quelque chose qui lui donne la force de s'accomplir. Cette condition plus profonde de la liberté, de la libération de la fascination qu'exerce la vie, Patočka l'appelle *ébranlement*. Il n'y a pas d'esprit sans ébranlement de la vie, pas d'esprit sans ébranlement de la connexion de sens du monde naturel de la vie. Patočka caractérise à un moment l'esprit en ce sens explicitement comme *être-ébranlé*[1].

Le mot « ébranlement » indique que cette libération, ou plutôt cet « être-libéré », ne découle pas de thèmes immanents à la vie et de données relevant du monde de la vie, mais, au contraire, en marque les limites[2]. L'ébranlement est un événement qui vient de façon imprévue et non souhaitée modifier de fond en comble la vie non problématique qui se laisse vivre au gré du monde, car cette vie est désormais perçue comme nulle et dépourvue de fondement. Dans l'ébranlement, ce n'est pas seulement – comme dans l'angoisse – le monde comme connexion de sens qui disparaît, de sorte qu'en cet instant plus rien ne me parle dans ou à partir du monde, plus rien ne m'y intéresse; ce n'est pas seulement le monde comme tel qui perd son sens pour mon action, mais aussi mon enracinement corporel dans le monde, la dimension préthématique, corporellement sentie, de l'être-au-monde qui est atteint. – Le sol sur lequel je me tiens en tant que corps vivant devient chancelant. La liberté finie de l'homme, ainsi que le mouvement d'auto-appréhension qui l'élève à la spiritualité, recèle en soi une dimension de négativité qui a sa source dans un événement où la corrélation sens-vie est en quelque sorte rompue par quelque chose qui ne rentre pas dans la dimension du sens, qui ne peut pas y être intégré.

1. Voir *supra*, p. 147, note 1.

2. Nous nous inspirons ici de l'étude de H. R. Sepp, « Über die Grenze. Kulturelle Differenz im Ausgang von Jan Patočkas Philosophie der Geschichte », dans S. Nowotny et M. Staudigl (dir.), *Grenzen des Kulturkonzepts. Meta-Genealogien*, Vienne, Turia & Kant, 2003, p. 133-153.

L'histoire de la vie individuelle comporte ainsi des césures, des discontinuités. Les plus radicales, celles qui conduisent à une rupture, sont, d'après Patočka, précisément les événements de l'ébranlement ou de la perte du sens. Un aspect de sa construction de l'histoire, la continuité en tant que renouveau de l'institution primitive de l'espace public de la liberté dans la *polis* grecque, présuppose comme condition le devenir intérieur de l'authenticité individuelle et vice versa. L'historicité, elle, est fondée dans l'expérience de l'effondrement du sens donné, nécessaire pour que suive alors une tentative d'explication avec la crise du sens, une lutte pour le sens. Sans l'expérience de la perte, cette dynamique ne peut pas s'instaurer.

L'*EPOKHÊ* ET LE SENS DE LA TOTALITÉ

Dans les *Essais hérétiques*, Patočka s'explique avec une version du nihilisme, responsable, selon son analyse, de la catastrophe de l'Europe qui éclate définitivement avec la Première Guerre mondiale [1]. Si l'on peut supposer qu'une certaine relativité du sens a d'emblée concouru à l'institution de l'histoire, le discernement de cette relativité grandit au XIXe siècle pour aboutir à un scepticisme nihiliste qui déclare le monde lui-même, en un sens, dépourvu de sens. Il s'agit là de la relativité du sens chaque fois lié au propre monde de la vie qui, confronté avec l'étranger, peut donner lieu à la compréhension de ses limites. C'est ainsi que « la solution que croit trouver [Nietzsche] consiste à se rallier au nihilisme, à proclamer le monde dépourvu de sens au nom de la vie qui est créatrice et, par conséquent, à même d'organiser une fraction de l'étant de manière à lui faire acquérir un sens *relatif* [2] ».

Patočka dirige son argumentation contre le nihilisme dogmatique du sens, qu'il n'attribue pas directement à Nietzsche, mais plutôt à l'esprit du temps qui s'en réclame. Sa prémisse est la suivante : sans un sens total, même les actions singulières, orientées sur un sens particulier, sont impossibles, car je ne peux pas les accomplir sans fondement. Patočka est persuadé que l'homme ne peut pas vivre avec la conscience que la

1. EHPH, p. 192 : « Quant à l'idée générale qui sous-tend la Première Guerre mondiale, c'est une conviction en gestation depuis longtemps : l'idée du monde et des choses comme dépourvus de tout sens positif, objectif, l'idée de l'homme comme libre de réaliser un tel sens par la force, par la puissance, dans la sphère sur laquelle il a prise. »

2. *Ibid.*, p. 102.

totalité qui l'englobe n'a pas de sens. En même temps cependant, précisément cette conscience de la perte du sens peut conduire l'homme à une intuition à même de régénérer la vie, de lui apporter un renouveau du sens.

Patočka voit dans la situation de l'ébranlement du sens la possibilité de radicaliser l'attitude sceptique, d'exercer une sorte de scepticisme envers le scepticisme, c'est-à-dire de ne pas nier la thèse d'un sens de la totalité, ni l'affirmer, mais de se tenir à son égard dans une attitude d'*epokhê*[1]. Dans l'*epokhê* de l'ébranlement du sens s'ouvre la possibilité d'une quête du fondement de l'être propre. Tandis que l'événement de la perte du sens nous place devant, voire dans le néant d'un sens positivement saisissable, la quête qui y prend son départ, quête de l'être au bord de l'abîme du néant, peut dévoiler quelque chose comme un fondement non objectif et non objectivable.

> Le fondement de ce sens est ce que Weischedel appelle la problématicité ou, pour parler le langage de Heidegger, le non-manifeste comme fondement de toute ouverture et de toute manifestation, de tout être-à-découvert et de toute vérité. C'est donc ce mystère qui se porte à la parole dans l'ébranlement du sens naïvement accepté (que l'existence ait le sens relatif de pourvoir directement à la vie, ou plutôt un sens mythique absolu). L'ébranlement du sens naïf ouvre ainsi la perspective d'un sens absolu qui n'est pas pour autant excentrique à l'homme, à la condition que celui-ci soit prêt à renoncer à l'immédiateté du sens, à s'approprier le sens en tant que chemin[2].

On pourrait considérer cette position comme une sorte de phénoménologie du non-manifeste, l'accès à ce non-manifeste étant lié aussi bien à l'attitude théorique *par excellence* (qu'est l'*epokhê* radicalisée) qu'à une sorte de praxis. Il ne s'agit pas là d'une théorie au sens de la contemplation désintéressée. Le sens qu'il s'agit de chercher, et qui ne peut se « porter à la parole » sans cette quête, concerne ma propre manière de vivre, dont je suis responsable et pour laquelle j'ai à

1. « Hat die Geschichte einen Sinn? », PoD-III, p. 570 : « La thèse d'un nihilisme absolu n'est [...] en rien moins dogmatique que celle de la croyance naïve, non ébranlée, en un sens positif, absolu ! Un scepticisme mis en œuvre de façon conséquente devrait admettre en même temps le scepticisme envers le scepticisme et conduire ainsi, en attendant du moins la preuve définitive du non-sens, à un état de suspens, d'abstention de la thèse, d'*epokhê*. Mais il faut avant tout interroger le phénomène de la perte du sens, poser la question de sa structure et de la signification de ses différents moments. » Cf. aussi EHPH, p. 102-103.

2. *Ibid.*, p. 585-586 ; cf. EHPH, p. 127-128.

m'engager. Ici aussi, dans sa dernière période, ce que Patočka a avant tout en vue est « quelque chose comme l'existence socratique, toujours en quête [1] ».

La phénoménologie de Patočka serait à qualifier de phénoménologie du sens non manifeste de la totalité dans la mesure où l'homme peut, selon cette philosophie, vivre dans « un sens qui apparaît comme le fruit d'une obscurité qui se propage invinciblement, de façon objectivement fondée, dans le fond même du tout, et qui jamais ne pourra être supprimée, mais qui rend possible une quête, condition du sens et qui suffit pour que sens il y ait, fût-ce dans une acception profondément modifiée, sans la positivité et la naïveté incontestée de naguère [2] ».

Quel est alors le statut de cette phénoménologie du fondement inapparent? Si ce fondement est un sens, même insaisissable en une guise positive, nous nous trouvons toujours dans une connexion ouverte de *sens*. L'histoire serait alors un devenir, fût-il discontinu, du sens. Le sens garde le dessus sur le non-sens de son absence. L'ébranlement du sens est enveloppé dans un devenir plus vaste. Si, d'un autre côté, nous mettons l'accent sur l'événement de l'ébranlement du sens, sur le néant qui fait face au sens et sans lequel aucun devenir essentiel, aucune histoire ni continuité de l'essor ne sont possibles, le statut de cette phénoménologie peut se présenter différemment.

L'*EPOKHÊ* – UN ÉVÉNEMENT DANS L'HISTOIRE DE L'ÊTRE?

Le dernier des *Essais hérétiques*, « Les guerres du XXe siècle et le XXe siècle en tant que guerre », semble abandonner la perspective qui voit la formation positive de l'histoire comme l'affaire des hommes, fonction du soin de l'âme, de l'essor vers une existence spirituelle. En effet, c'est la guerre en tant que loi cosmique qui semble ici avoir le dernier mot. Avec la « mobilisation totale », la guerre a pris au XXe siècle une forme nouvelle qui, à son tour, en met en évidence la dimension,

1. « Hat die Geschichte einen Sinn? », PoD-III, p. 571 (cf. EHPH, p. 104); voir aussi p. 584 (citation extraite, comme la suivante, d'un passage qui remplace le dernier paragraphe de la p. 124 et le premier de la p. 126 de la dernière édition française [de « L'homme ne peut pas vivre… » à « car problématique? »]) : « Il faudrait alors un socratisme nouveau, plus large et moins naïf, une ascèse nouvelle et un nouveau courage, cultivé dans les combats, le travail et le sang de cette époque des guerres les plus terribles, afin de sortir du non-sens qui menace. »

2. *Loc. cit.*

non simplement anthropologique, mais cosmique. La Première Guerre mondiale inaugure une nouvelle époque de l'histoire, époque où la transvaluation de toutes les valeurs sous le signe de la force domine la compréhension que l'homme a du monde et de lui-même.

Il apparaît dans cette nouvelle constellation que « la guerre, l'opposition aiguë, est le moyen le plus efficace de libérer rapidement les forces accumulées [1] ». Et ces forces – ou « la Force », soit dit avec Patočka « en langage mythique » – représentent la véritable essence du réel. Non seulement dans le processus même de la guerre, mais encore dans la quotidienneté, marquée, du reste, par la « mobilisation totale », l'homme est conçu – et se comprend lui-même – comme un simple « relais », permettant le passage du potentiel de la force à l'actualité du réel. Dans la guerre et, de la manière la plus pressante, sur la ligne de front, il apparaît en toute clarté que l'homme individuel est mobilisé et utilisé pour les valeurs du jour (les valeurs de la vie des générations futures, etc.), sa mort étant planifiée selon l'optique du jour comme « rien de plus qu'une passation de fonctions [2] ». C'est justement ce qu'on peut entrevoir au front ; celui qui est ainsi sacrifié peut atteindre, dans son vécu intérieur, un point de vue tout autre, dès lors que « les motifs diurnes qui ont suscité la volonté de guerre se consument dans le brasier du front [3] » : c'est là qu'apparaît « l'autre », « la *nuit* en tant que présence impérieuse, qui ne peut être négligée [4] ». Ce qui libère semble être la participation à la dimension oubliée, refoulée, qui, dans la guerre, apparaît à découvert.

> L'homme est enchaîné à la vie par la mort et par la peur ; il est manipulable à l'extrême. Il semble cependant y avoir aussi, pour cette raison même, une possibilité de sortir de la guerre engendrée par la paix, de reprendre pied dans une paix réelle. Cela présuppose en premier lieu l'expérience du front décrite par Teilhard, expérience à laquelle Jünger donne une expression moins mystique, mais tout aussi catégorique : la positivité du front, le front non pas comme asservissement à la vie, mais comme *libération* infinie et affranchissement de cette servitude. La guerre se présente aujourd'hui comme une demi-paix dans laquelle les adversaires poursuivent la mobilisation en tablant sur la démobilisation de l'autre. Cette guerre a elle aussi son front et sa manière d'incendier, de

1. EHPH, p. 197.
2. *Ibid.*, p. 204.
3. *Ibid.*, p. 205-206.
4. *Ibid.*, p. 204.

> détruire, de priver les gens de toute perspective, de les traiter comme un simple matériel de la Force qui se libère [1].

La préoccupation centrale de Patočka dans cet essai est la nouvelle constellation de la puissance du *Gestell* qui s'annonce au XXe siècle sous la forme concrète de la volonté de guerre en tant qu'expression de la force. S'il décrit cette situation, c'est toutefois pour reposer au bout du compte sa question sur la possibilité de la liberté humaine, pour opposer une résistance à la puissance de la compréhension donnée de l'être et pour la transcender. Le modèle est l'expérience du front, mais la guerre se poursuit même là où aucun feu ne brûle à découvert. En tout état de cause, la possibilité de la transcendance radicale ne s'offre qu'à ceux qui sont engagés dans les rapports de force donnés :

> Il s'agit de comprendre que c'est *ici* que se joue le véritable drame de la liberté ; la liberté ne commence pas seulement « après », une fois le combat terminé ; au contraire, sa place est précisément dans ce combat – voilà le *punctum saliens*, le sommet marquant, du haut duquel on peut embrasser du regard tout le champ de bataille. Il s'agit de comprendre que ceux qui se trouvent exposés à la pression de la Force sont libres, plus libres que ceux qui, restés à l'étape, assistent au combat en simples spectateurs, en se demandant anxieusement si et quand leur tour aussi viendra [2].

Ce passage indique clairement à quel point la possibilité de l'intuition libératrice est elle-même dépendante de ce qui asservit. Seul l'engagement dans le réel, tel qu'il se donne à comprendre sous le signe de la force, peut conduire à une libération qui sera peut-être à même aussi de questionner à revers la compréhension, sans cela irrésistible, de l'être.

Le statut de « l'autre », du « côté nocturne » de la réalité, est problématique. S'agit-il de l'envers, de la face cachée du jour, ou précisément d'un tout « autre » ? L'ébranlement du sens, la perte du sens sur le front est certainement « autre » que « toutes les valeurs du jour » [3]. Mais, de toute évidence, pour Patočka, ce n'est pas que cela, car il qualifie cet ébranlement d'expérience absolue, « n'a[yant] de sens *qu'en lui-même* [4] ». L'expérience du front, qui constitue le point de départ de tout cet essai, est « quelque chose d'absolu » :

1. EHPH, p. 211.
2. *Ibid.*, p. 211-212.
3. *Ibid.*, p. 200.
4. *Ibid.*, p. 205.

> Cette liberté absolue, c'est la compréhension que quelque chose *là* a d'ores et déjà été atteint, quelque chose qui *n'est pas* un moyen en vue d'autre chose, qui n'est pas une étape vers..., quelque chose au-delà et au-dessus de quoi il ne peut plus rien y avoir. Le sommet est là même, dans ce renoncement auquel les hommes sont appelés, pour lequel ils sont arrachés à leur emploi, à leurs talents, à leurs possibilités, à leur avenir. Se montrer capable de cela, être appelé et élu pour cela dans un monde qui mobilise la force au moyen du conflit au point de se présenter comme un geyser d'énergie, absolument chosifié et chosifiant, c'est en même temps *surmonter la force* [1].

Reste à savoir si le sacrifice, qui relève de cette attitude d'*epokhê*, signifie une sortie hors de l'histoire de l'être et de son devenir, une césure, « l'autre » de cette histoire, ou bien s'il est plutôt ce qui est requis par l'histoire de l'être, ce qui est *son* événement. Soit, pour formuler cette seconde possibilité de façon plus pointue : la guerre est-elle la loi de l'histoire de l'être qui exige le sacrifice pour venir à soi ?

L'alternative qui s'ouvre là, qui permet d'opposer nettement « l'*epokhê* en tant qu'événement dans l'histoire de l'être » à « l'*epokhê* par rapport à l'histoire de l'être, en rupture avec elle », peut être suivie également dans les manuscrits de travail qui se rapportent directement au dernier des *Essais hérétiques*. Plus d'un passage semble inviter à lire « Les guerres du XXe siècle » dans le sens d'une appropriation de la perspective de l'histoire de l'être [2]. Si les thèmes de la première philosophie de Heidegger y demeurent très présents (de même que le

1. *Loc. cit.*

2. Qu'il nous soit permis ici de citer *in extenso* un passage qui propose une interprétation sans équivoque de l'idée de l'historicité de l'homme. La conception de l'histoire y est dite « toujours fonction de la conception de la liberté. Si la liberté est un caractère, non pas – comme dans l'idéalisme allemand – de l'absolu, mais de l'être fini, il s'ensuit que les nœuds de l'histoire seront les secousses qui viennent ébranler les sites où l'être s'installe et se clôture. L'histoire réside dans ces ébranlements. Elle ne peut avoir un sens que dans le cadre fini de ce qui la rend ainsi chancelante. Or, pour cette raison même, l'histoire n'est pas quelque chose qu'on peut “maîtriser” une fois pour toutes. Le problème de l'histoire, ce n'est pas la maîtrise de la nature dans l'homme ; ce n'est pas davantage l'harmonie, une quelconque phase finale, la résolution des antagonismes ou des luttes sociaux. Ce que l'homme veut être découle de la manière dont il se comprend, et la manière dont il se comprend est liée à la manière dont l'être se manifeste. [...] Cela étant, qu'est-ce que l'enquête historique sur une base phénoménologique ? Rien d'autre qu'une enquête qui se fonde sur l'histoire des faits, sur l'histoire des événements constatés, sur l'histoire de la compréhension, sur l'histoire de l'ouverture. En d'autres termes, qui comprend l'ouverture elle-même en tant qu'histoire ». (« Vers une sortie de la guerre », p. 161-162).

thème de l'authenticité), cette perspective comporte néanmoins une tendance très nette à subordonner la liberté humaine au cadre omni-englobant du devenir du sens de l'ouverture même.

D'un autre côté, il y a chez Patočka, y compris dans le dernier des *Essais hérétiques*, comme déjà suggéré, des indices qui témoignent d'une autre interprétation, mettant en avant le moment de la transcendance radicale. Ainsi, le passage suivant :

> La découverte la plus profonde du front, c'est cette avancée de la vie dans la nuit, le combat et la mort; l'impossibilité de rayer de la vie ce paragraphe qui, du point de vue du jour, apparaît comme pure et simple non-existence; la transformation du sens de la vie qui se heurte au *néant*, à la frontière infranchissable qui est la figure ultime de tout [1].

C'est sur de tels passages que peut s'appuyer l'interprétation qui tente de dégager chez Patočka une radicalisation de l'idée de la transcendance. Hans Reiner Sepp a proposé une telle interprétation, selon laquelle Patočka utilise le concept heideggérienne de transcendance comme rapport explicite du *Dasein* à la totalité de la connexion de sens du monde. C'est un *transcensus* qui se met cette connexion sous les yeux, mais ne l'abandonne pas, y trouvant au contraire sa frontière insurpassable. En effet, il y a une « *signification de la frontière* chez Patočka [...] qui marque encore la fin de toutes les dimensions du sens même [2] ». C'est manifestement cela que Patočka a en vue en parlant de l'absoluité de la liberté qui peut s'emparer des combattants au front dont « le sacrifice [...] n'a de sens *qu'en lui-même* [3] ». C'est dire que le sacrifice de celui qui est sacrifié pour « rien » ne manifeste pas un sens caché; le sacrifice n'est pas une voie empruntée par la révélation de l'être qui donne sens en se retirant.

La transformation du sens de la vie en sens tout court serait, selon cette interprétation, possible grâce à une « instance » de l'existence dans un autre. Seule une telle transcendance dans le rien rendrait alors possible « le commencement du sens », une Vie Nouvelle. Cette interprétation saisit sans nul doute une orientation que Patočka voulait donner au thème de la transcendance. Si l'on prend cependant en considération les développements sur la problématique du sens évoqués ici surtout d'après le troisième chapitre des *Essais hérétiques* (sur le sens de

1. EHPH, p. 207.
2. H. R. Sepp, « Über die Grenze... », p. 139.
3. EHPH, p. 205.

l'histoire), la question se pose de savoir s'il est ou non logique de qualifier encore de sens de la totalité, voire de « sens absolu », l'ultime dimension donatrice de sens. Dans quelle mesure peut-on dire que la transcendance de l'ébranlement franchit justement la frontière de toutes les dimensions du sens ?

Or, le dernier des *Essais hérétiques* peut aussi être compris en ce sens que seul le sacrifice, ou l'expérience de l'ébranlement du sens qui l'accompagne, serait à qualifier d'« absolu ». Ce n'est pourtant pas un hasard que ce texte parte des extrêmes que représentent les guerres du XXe siècle. Cette manière de lire l'essai sur « le XXe siècle en tant que guerre » peut trouver aussi un appui dans les fragments manuscrits, quoique ceux-ci tiennent à cet égard un langage moins clair. Le thème principal de ces passages serait le suivant : « La guerre en tant qu'absurde, en tant que guerre nihiliste, offre justement l'occasion suprême de dévoiler *l'autre*[1]. » Patočka y met l'accent sur « *l'autre* expérience, faite par quelques *rares* personnes, [...] l'expérience de la guerre comme une grande *epokhê*, qui fait abstraction de la vie comme donatrice du sens ultime, le sens étant, au contraire, dans le fait de vivre à partir de la problématicité et de manière problématique[2]... »

Ces indices auraient pu conduire au développement encore d'une autre phénoménologie de l'inapparent, qui n'aurait pas suivi la perspective de l'histoire de l'être, mais qui aurait pu renouer, sous un rapport essentiel, avec le « platonisme négatif » esquissé par Patočka au début des années 1950 et fondé sur un rapport radical de l'homme à la transcendance. Surtout, on pourrait rapprocher de tels passages d'autres textes, plus contemporains des *Essais hérétiques*, dans lesquels Patočka se distancie explicitement de la philosophie de Heidegger.

En effet, le tout autre du platonisme négatif, ce que donnait à penser la transcendance, n'est probablement pas ce qui se refuse à toute saisie comme face cachée du sens objectif, tout en restant lié à la donation de celui-ci, mais plutôt un néant du sens. Si Patočka ne s'arrête jamais sur une telle négativité radicale, ni dans les années 1950, ni dans sa dernière période, la présentant plutôt comme condition du renouveau de la vie par l'*epokhê* (renouveau qu'il conçoit toujours comme une quête socratique), cette condition peut être mise en relief comme

1. « [Koncept eseje] "Války 20. století a 20. století jako válka" » [Les guerres du XXe siècle et le XXe siècle en tant que guerre (manuscrit de travail)], PoD-III, p. 500. « L'autre » est ici à comprendre au sens de l'altérité, non pas d'autrui.

2. *Ibid.*, p. 502.

l'instance qui marque sa phénoménologie en tant que radicale par opposition à la phénoménologie classique – y compris la philosophie heideggérienne, telle qu'il la présente. Les textes où Patočka prend ses distances par rapport à Heidegger sont ceux qui traitent de l'incarnation. Il élabore un projet d'interprétation de l'existence humaine en tant que mouvement incarné, ou plutôt unité de trois mouvements : mouvements d'abord de l'enracinement, puis du prolongement de soi et enfin de la percée ou transcendance. Une variante de ce projet est exposée dans l'essai « Le monde naturel et la phénoménologie », publié en 1967, une autre dans le cours par lequel Patočka inaugure à la rentrée 1968 son retour à l'Université Charles après les vingt ans d'absence imposée par le régime communiste. Le cours lui-même, intitulé *Corps, communauté, langage, monde*, publié en tchèque à partir d'une compilation de notes d'étudiants, n'a encore été traduit qu'en anglais [1], mais le lecteur français peut consulter les propres notes de Patočka en vue de ces leçons, incluses par E. Abrams dans son édition des *Papiers phénoménologiques* [2]. Dans la seizième des vingt leçons, Patočka reprend l'idée de la sensibilité qui adhère au monde [3], l'expliquant comme quelque chose qui soustrait en quelque sorte l'homme au règne de l'histoire de l'être. Ce serait, du moins, une lecture possible d'un passage comme celui-ci : « Le contact affectif-impressionnel avec le monde est en deçà du seuil de la manifesteté de l'être. L'être ici n'est posé ni de manière thématique ni de manière non thématique. C'est un domaine dans lequel nous sommes mus, plutôt que de nous mouvoir nous-mêmes. C'est là qu'est le domaine propre de l'émotionalité [4]. » Être mû correspond à être ému. « Nous sommes là, l'être sensible est, mais il n'existe pas, n'ayant pas la compréhension de l'être [5]. » Il s'ensuit, pour la philosophie de l'histoire, que le concept d'historialité fondé sur l'historicité de l'homme sera conditionné par l'ébranlement de l'attachement de la vie à elle-même – « mouvement de *percée* qui bat en brèche le *terrestre* [6] ».

1. Voir *supra*, p. 70, note 1.
2. « [Leçons sur la corporéité] », PP, p. 53-116. Voir aussi « La phénoménologie du corps propre », MNMEH, p. 139-154. La dix-neuvième leçon se recoupe par ailleurs avec la dernière section de la deuxième partie de la postface de Patočka à la deuxième édition tchèque du *Monde naturel comme problème philosophique*; voir MNMEH, p. 97-101.
3. Voir *supra*, première partie, chapitre II.
4. *Tělo, společenství, jazyk, svět*, p. 100; BCLW, p. 140.
5. *Loc. cit.*
6. « [Leçons sur la corporéité] », PP, p. 110.

Conclusion

LA « DISSIDENCE » DE L'ESPRIT DANS LA PHILOSOPHIE PHÉNOMÉNOLOGIQUE ET EXISTENTIELLE

Qu'est-ce que la « dissidence » de l'esprit dans une philosophie phénoménologique ? Nous ne pourrons qu'esquisser ici, en guise de conclusion, quelques figures d'un thème « dissident » dans la pensée philosophique de Jan Patočka, telle qu'elle prend forme dès les années 1930, à travers les textes et contextes académiques autant que dans des essais réagissant à des questions d'actualité, rédigés à des moments de crise politique ou dans des situations personnelles difficiles, écrits pour des amis ou, quelquefois, en réponse à un besoin intime d'éclaircissement.

C'est le thème de la liberté en tant qu'acte « à la fois de volonté et de pensée[1] », acte caractérisé, pour reprendre le terme de Patočka lui-même, par un mouvement de « transcendance » de l'esprit qui va au-delà du monde donné. Nous voudrions montrer ici, en guise de conclusion, comment cette idée philosophique a pu exercer une influence sur la dissidence même au sens courant d'opposition ou de résistance au pouvoir politique en place.

On peut s'étonner, à la lecture de Patočka, de rencontrer au cœur des textes de conception ou à vocation éminemment académique, tels la

1. Cf. J. Patočka, « Existe-t-il un canon définitif de la vie philosophique ? », dans *Travaux du IXe Congrès international de philosophie. Congrès Descartes* (Paris, 1er-6 août 1937), t. X : *La valeur. Les normes et la réalité. Ire partie*, Paris, Hermann et Cie, 1937, p. 188.

thèse d'habilitation de 1936 ou les travaux d'histoire de la philosophie, cette idée qui est à plus forte raison au centre des réflexions sur l'histoire et la politique qui représentent le versant proprement « engagé » de son œuvre [1]. Les deux registres remontent à Husserl, avocat de la philosophie en tant que science rigoureuse mais en même temps inspirateur de toute une branche de la pensée existentielle. Il arrive qu'ils se rejoignent dans un même texte. En atteste, par exemple, la conférence rédigée pour le IXe Congrès international de philosophie à Paris, en 1937. Dans ce texte, dont le titre pose une question : « Existe-t-il un canon définitif de la vie philosophique ? », Patočka analyse non seulement ce qui paraît essentiel à la philosophie du point de vue « neutre » de l'historien, mais ce qu'est la philosophie pour lui personnellement, ce qui fait d'une vie une vie philosophique. Il met l'accent sur la conversion par laquelle la philosophie devient proprement philosophie, mais qui concerne avant tout l'homme entier, au-delà du domaine de la théorie, et est donc à même de réformer sa manière de mener sa vie. Bref, on retrouve là une conversion du regard qui peut transformer la vie en « vie dans la vérité ». Cette figure classique, qui remonte sans nul doute à Platon, est intégrée à la propre conception de Patočka à travers des remaniements souvent expressément antiplatoniciens.

Dans son texte pour le Congrès de 1937, Patočka répond par la négative, en insistant sur le caractère à jamais inachevé de la quête philosophique, à la question de savoir s'il peut y avoir un canon *définitif* de la vie philosophique qui serait également celui de la vie vraie. En même temps cependant, l'idée de la liberté qu'il y formule en tant que conversion de l'esprit restera canonique pour sa propre pensée du monde, de l'existence et de l'histoire. Nous voudrions montrer que cette idée porte en elle, dès ses premières expressions, certains traits d'« hérésie » ou de dissidence « socratique ».

Ce qui caractérise la conversion de l'esprit, à l'œuvre dans la philosophie comme son acte constitutif, c'est avant tout une prise de position *nouvelle* par rapport aux choses, ou plutôt à notre manière habituelle de comprendre les choses. C'est « un mouvement à la fois de volonté et de pensée, dont l'essentiel consiste à se concentrer – mais jamais d'une manière abstraite – sur le secret des choses [2] ». Le savoir

1. Nous pensons là non seulement aux *Essais hérétiques* ou à *Platon et l'Europe*, mais encore aux textes traduits par E. Abrams dans les volumes *Liberté et sacrifice* et *La crise du sens* (Bruxelles, OUSIA, 1985), accessibles donc en France depuis plus de vingt ans.

2. « Existe-t-il un canon définitif… ? », p. 188.

reste une marque de l'essence de la conversion philosophique, qui la distingue de la conversion religieuse, morale, etc. Ce que la philosophie partage avec ces dernières est néanmoins un certain concept de transcendance : « Étant plus qu'un savoir, la conversion implique pourtant un savoir, mais un savoir qui n'est jamais particulier, qui permet de s'élever au-dessus de la totalité du réel, de la transcender[1]. » Or, le contenu de ce concept de transcendance est bien particulier : « La position nouvelle qu'on acquiert ainsi apparaît, après coup, justifiée par l'évidence de certaines raisons, mais on n'a pu acquérir ces raisons qu'en opérant la conversion elle-même[2]. » C'est dire que ce qui se passe en philosophie n'est pas un mouvement unitaire; les ruptures sont peut-être plus importantes pour la naissance de l'acte philosophique que l'adhésion aux maîtres, à leurs doctrines et à leurs argumentations. La philosophie n'est pas, pour Patočka, la mise en œuvre d'une faculté de l'esprit parmi d'autres; le véritable acte philosophique exige une conversion pour autant qu'il a à surmonter ce qui est déjà là et s'impose à nous en tant que réalité vraie et unique.

Le côté « dissident » de Husserl, que Patočka partagera avec son maître tout au long de sa carrière philosophique, c'est l'idée de l'*epokhê* : abstention momentanée de l'usage du savoir du monde objectif, voire « suspension » de la thèse de l'existence du monde tout court. Le philosophe ne peut pas prendre une position *nouvelle* par rapport au monde, faire une découverte critique à l'égard de la manière habituelle de comprendre les choses, s'il n'essaie pas de se libérer, de se distancier de l'« attitude naturelle », naïve, qui nous fait croire à l'être du monde tel qu'il se présente. Dans sa thèse d'habilitation de 1936, l'écrit dans lequel il reste au plus près de Husserl, Patočka met en évidence ce caractère problématique de l'être du monde en rappelant la situation de l'homme moderne qui vit dans un monde double : d'une part, dans un monde naturel dont la donation précède chaque thématisation particulière active des choses et de leurs ensembles, d'autre part, dans un monde objectif corrélatif aux présupposés ontologiques des sciences positives de la nature. Pour savoir ce qui est en vérité – question qui se pose, par exemple, là où nous sommes atteints par une crise, où nous prenons conscience de la scission entre le monde de la vie et celui du savoir objectif – il ne faut pas céder aux modèles de la compréhension habituelle ou courante des choses qui s'imposent à nous, mais

1. *Loc. cit.*
2. *Loc. cit.*

précisément y résister. Et cette résistance exige un effort de l'esprit : il ne s'agit pas seulement de faire face au caractère « construit » des objectivités qui « recouvrent » le monde vécu, mais de nous distancier, de suspendre notre croyance en l'être du donné en général, qu'il s'agisse du donné sensible de la perception ou de la donation des valeurs, des normes, etc. Le monde dans toute sa complexité – qu'il ne faut pas perdre de vue lors de l'acte de l'*epokhê* – se transforme par cet acte même en phénomène qui, selon Husserl, peut être étudié comme tel, dans sa donation adéquate à une subjectivité transcendantale, liée par une union pour ainsi dire « personnelle » avec la conscience du philosophe qui effectue l'*epokhê*. De surcroît, le phénomène ainsi donné peut être « réduit », « reconduit » aux actes de la vie de cette subjectivité transcendantale accessible à travers notre conscience, chose difficilement acceptable pour les philosophes contemporains. Patočka ne tardera pas à critiquer les conséquences idéalistes de cette position classique. Il formule sa proposition dans les années 1970 : grâce à l'*epokhê*, le monde peut apparaître en tant que phénomène qui ne sera plus à reconduire aux activités d'un quelconque sujet, mais qui précède toute constitution, tant subjective qu'objective. Selon cette position, la liberté par rapport au monde, propre déjà à l'*epokhê* husserlienne, devra être radicalisée pour atteindre l'apparaître même du monde dans son autonomie. C'est radicaliser aussi la « dissidence » du philosophe qui opère l'*epokhê* husserlienne par rapport au monde donné, le sujet comme lieu de la constitution du sens du monde étant lui aussi sacrifié dans la conversion de l'esprit telle que Patočka la conçoit en tentant, dans les années 1970, « une interprétation asubjective de la phénoménologie dans laquelle même celui à qui les phénomènes apparaissent n'est qu'un des moments d'une structure autonome de l'apparaître [1] ».

Qu'est-ce qui rend possible une liberté aussi extrême par rapport et à l'objet et au sujet ? S'il ne reste même pas un sujet autonome et créateur, si tout devient phénomène, qu'est-ce qui fournira les repères d'orientation pour la vie pratique ? La radicalisation de l'acte philosophique de prise de distance d'avec le donné est motivée précisément par le propos de l'atteindre, non pas comme construit par un sujet, mais précisément en tant que donné. Pourtant, ne sommes-nous pas toujours impliqués dans ce qui est ? La radicalisation de la méthode ne risque-t-elle pas de

1. F. Karfík, « La philosophie de l'histoire et le problème de l'âge technique chez Jan Patočka », *Études phénoménologiques*, n° 29-30 (1999), p. 23. Voir aussi la version allemande du même texte dans *Unendlichwerden durch die Endlichkeit*, p. 166.

faire l'impasse sur le monde vécu, de nous égarer dans une abstraction intellectualiste sans possibilité de retour au concret ?

Ce genre de question n'était pas étranger, déjà, au jeune Patočka des années 1930. De là, la nouvelle exigence à laquelle il s'efforce de répondre, exigence d'un type nouveau de réflexion philosophique. Très tôt, bien avant la mode du mot *existentialisme*, Patočka s'en prend expressément à l'intellectualisme [1], formulant sa critique dans des réflexions sur l'histoire et l'historicité de l'homme et du monde humain qu'il publie dans les années 1930 dans des périodiques aussi bien littéraires que philosophiques.

Ici comme dans ses derniers textes, Patočka tient à montrer avant tout que la précompréhension nécessairement à l'œuvre dans notre rapport au passé, la compréhension de ce qui distingue l'histoire des autres domaines de la réalité n'est pas une théorie, un regard désintéressé. Ceux qui prétendent parvenir à l'« intuition parfaite de l'histoire [2] » passent à côté du problème qui est celui de la manière d'être de la réalité humaine. L'histoire, en tant que réalité humaine passée, est accessible à la vie actuelle, mais ni l'une ni l'autre ne sont véritablement à la portée d'une *theôria* purgée de tout intérêt particulier. L'acte qui rend possible la compréhension de l'histoire est, pour Patočka, un acte de la liberté, à même de renouveler la vie de l'individu. C'est un acte qui engage toute la personne, et c'est dans cet engagement extrême pour une hiérarchie des valeurs que l'homme – non seulement le philosophe, mais l'être humain en tant que tel – arrive à la vérité de sa situation.

La vision du temps historique est ainsi, chez Patočka, résolument dramatique, une vision du temps comme rythmé par la succession de l'essor et du déclin. De là, le rôle central du phénomène du renouveau, évoqué ainsi dans un cycle de conférences prononcées entre octobre 1974 et avril 1975 (parallèlement à la rédaction des *Essais hérétiques*) sous le titre *L'origine et la fin de l'Europe* : « L'élément proprement historial a toujours été ce que les Français appellent le *redressement*,

1. Critique inspirée sans doute par les philosophes français, dont Henri Bergson, que Patočka cite abondamment dans sa thèse de doctorat. Cf. J. Patočka, *Pojem evidence a jeho význam pro noetiku* (*Le concept d'évidence et son importance pour la noétique*), Prague, Université Charles, 1931 ; repris dans FS-I, p. 13-125. Dans d'autres contextes, il se réfère à Pascal, à Kierkegaard, à Nietzsche, à Dostoïevski et, surtout, à Heidegger.

2. « Quelques remarques sur les concepts d'histoire et d'historiographie », EE, p. 143.

toujours une lutte contre le déclin[1]... » Comme en écho à l'appel lancé en 1939 (et que nous avons déjà cité) dans le texte « Équilibre et amplitude dans la vie », texte qui est un de ceux qui désignent Patočka comme un penseur engagé, reprenant, l'année même où la guerre éclate et les pays tchèques sont occupés sans combat par les troupes hitlériennes, le questionnement sur le « rôle de la philosophie dans la vie[2] ».

Patočka prend ici résolument parti *contre* l'approche qui voit dans l'homme un être harmonieux, « enclos à l'intérieur d'une forme de vie invariable » et qui s'achemine naturellement vers un état d'équilibre définitif, *pour* le regard qui tient cette quiétude pour une « déchéance » et un reniement de soi[3]. La « philosophie de l'amplitude », telle qu'il la présente et préconise, « est celle qui a conscience de la nécessité, pour la vie, de porter à tout instant tout le poids du monde, et qui se réclame de cette tâche. Le propos du philosophe n'est pas de chercher ou de construire un paradis artificiel, censé transformer l'avenir humain, ni de faire naître les espoirs dans lesquels la quotidienneté se complaît », car il part de la possibilité extrême, mais essentielle, d'une « vie dans l'amplitude », vie qui « a le sens à la fois d'une *épreuve* et d'une *protestation* »[4].

Cette philosophie de la dissidence en tant que protestation semble à l'antipode de l'*epokhê* husserlienne, qui transforme le poids du monde en phénomène à étudier, le seul point commun étant la distanciation à l'égard de l'absence de fondement et de la médiocrité du quotidien ou de l'objectivisme naïf. Là où le phénoménologue cherchait la vérité de l'être du monde en se retirant dans une attitude de spectateur désintéressé, impartial, le philosophe de l'amplitude « est tenu de laisser croître en lui l'inquiétant, l'irréconcilié, l'énigmatique[5] ». Pour la philosophie de l'amplitude, le rapport de l'esprit au monde passe par l'affrontement des situations-limites, « non dans l'intellect, mais dans le choc existentiel[6] ».

1. J. Patočka, « Problém počátku a místa dějin – diskuse » (Le problème du commencement et du site de l'histoire – discussion), PoD-III, p. 297. Le mot *redressement* est en français dans le texte.

2. « Équilibre et amplitude dans la vie », LS, p. 27.

3. Cf. *ibid.*, p. 31.

4. *Ibid.*, p. 35.

5. *Ibid.*, p. 36.

6. *Ibid.*, p. 37.

C'est pourtant dans l'amplitude que la phénoménologie de l'*epokhê* et la philosophie existentielle de l'historicité se rencontrent, et le résultat de la rencontre est une phénoménologie qui n'est plus celle de Husserl, mais qui, ici déjà, appelle le qualificatif que Patočka lui appliquera plus tard en parlant, quelques années avant sa mort, d'une « phénoménologie à orientation existentielle [1] ».

Le dernier mot de Jan Patočka sur le rapport de la philosophie et de la vie dans ses registres historique et politique est à trouver dans les *Essais hérétiques sur la philosophie de l'histoire*, seul ouvrage « systématique » qu'il aura lui-même conçu et publié dans les années 1970. Le volume comprend six essais, dont les trois premiers traitent de l'historicité en général, de ce qui fait du déploiement temporel du monde humain le « devenir de la liberté » qui constitue l'histoire au sens propre [2]. Dans les suivants, il s'agit plutôt d'expliquer les phénomènes importants de l'histoire de l'Occident européen en fonction du « contexte concret du devenir [3] », de réfléchir donc « de l'intérieur » sur la perspective historique qui est la nôtre, celle de l'« ère technique » et, plus précisément encore, du XXe siècle en tant que siècle des guerres mondiales.

Nous nous bornerons ici à évoquer brièvement deux thèmes centraux de cette ultime conception de l'historicité de l'existence humaine, avant de conclure sur la figure du dissident. Le premier de ces deux thèmes est celui de la *problématicité* du sens donné, découverte, selon Patočka, par les Grecs, de concert avec le soin ou souci de l'âme en tant que souci socratique de vivre « dans la vérité » [4]. L'autre a trait à la question de la science technicisée comme ce qui conditionne le monde

1. EHPH, p. 225.

2. Dans une lettre à Ludwig Landgrebe du 20 août 1976 (Archives Patočka, n° 5000/018), Patočka définira le sens de l'ouvrage comme un effort pour « trouver le chemin qui mène de la problématique du monde de la vie en général [...] au problème de l'histoire au sens propre, à savoir l'histoire comme répétition perpétuelle du devenir de la liberté humaine ».

3. *Loc. cit.* : « Dans une série d'*Essais hérétiques*, j'ai tenté de proposer une esquisse de l'histoire en ce sens, où j'essaie d'interpréter la connexion concrète du devenir des grands faits historiques à partir du processus irréversible d'un éveil de la liberté (dans la philosophie et la politique), dans lequel seul on serait, me semble-t-il, justifié à voir le "sens" de l'histoire. »

4. Renvoyons ici à l'excellent article de Valérie Löwit, « L'Europe et la guerre dans les *Essais hérétiques* de Jan Patočka. Une interprétation dissidente des guerres du XXe siècle » (*Tumultes*, n° 7, 1996, p. 179), où les deux axes que nous qualifions, pour notre part, de « thèmes » sont également distingués.

contemporain et, plus généralement, moderne. Ces deux lignes de force conduisent à la définition d'un « homme spirituel », dissident vis-à-vis du simple intellectuel et capable de résister aux régimes politiques totalitaires grâce à une capacité spécifique de « sacrifice », ce mot étant pris dans un sens qu'il nous reste à expliciter.

Une des thèses-clés de la philosophie de l'histoire de Patočka est que l'histoire européenne (voire l'histoire tout court) doit être comprise à partir de la quête d'un sens englobant qui, lui-même non thématique, rend néanmoins possible, de façon historiquement variable, la poursuite de sens (c'est-à-dire de buts) particuliers, relatifs. Comme cependant les hiérarchies de sens relatifs se révèlent, dans certains cas, mutuellement incompatibles, et comme il nous manque un savoir du sens total, à même d'orienter notre vie, cette expérience négative peut être convertie en une quête « socratique ». La spécificité de cette quête d'un sens total, son aspect proprement historique, tient à son inachèvement essentiel. En effet, ce qu'on cherche, le sens du tout, ne peut pas et ne pourra jamais être donné, pas plus que le monde lui-même ne pourra, dans son devenir, faire l'objet d'une saisie définitive.

Le point de départ de la « phénoménologie du sens » que Patočka propose dans ses derniers écrits est l'expérience de la perte du sens. Il commence, en phénoménologue classique, par en appeler à l'expérience qui montre, d'une part, que « les choses ne sont pas dotées de sens *pour elles-mêmes* », qu'elles « n'ont un sens que si quelqu'un a "le sens des" choses »[1]. D'autre part, le caractère d'événement propre à la perte du sens pour le Patočka de l'après-guerre – événement imprévisible, irréductible à une attente, moment de discontinuité – montre que « la donation du sens surtout n'est pas l'affaire de notre volonté, de notre bon plaisir[2] ». Autrement dit :

> Que les choses apparaissent dans certaines circonstances comme dépourvues de sens ou, corrélativement, que le sens des choses nous parle dans la mesure de notre ouverture pour lui, ce n'est pas notre affaire, nous n'en sommes pas les arbitres[3].

Partant de ces deux observations phénoménologiques, Patočka propose de caractériser généralement le monde historique par « la *problématicité* de toute teneur de sens[4] ».

1. EHPH, p. 98.
2. *Ibid.*, p. 99.
3. *Loc. cit.*
4. *Loc. cit.*

L'expérience de la perte du sens attesterait quelque chose comme un sens absolu dans la mesure où cette expérience est d'abord et essentiellement celle du non-sens total. Si cette expérience de la perte est bien effective – ce que vise à démontrer une grande partie du sixième essai, sur « les guerres du XXe siècle et le XXe siècle en tant que guerre » – elle n'est pas un argument à l'appui de la thèse nihiliste dogmatique du manque définitif d'un sens total, mais témoigne plutôt d'une dimension *autre* par rapport à tout sens partiel et relatif, dimension définie avec Heidegger comme celle de l'être qui n'est « rien d'étant », dimension d'une transcendance à partir de laquelle les deux penseurs tentent de concevoir l'humanité de l'homme.

Pour Patočka, le rapport de l'homme à cette dimension essentiellement différente de tout sens particulier, relatif à telle ou telle activité de la vie, demeure pourtant lié à une attitude « active » : c'est ainsi qu'il interprète la perte du sens et l'acceptation de cette perte dans l'expérience du front selon les témoignages d'Ernst Jünger et de Teilhard de Chardin. Acceptation non seulement au sens d'une ouverture [1], mais encore d'une certaine résistance à la tendance naturelle de la vie à se maintenir et à s'enclore sur elle-même. On peut aussi nier, refouler l'intuition du non-sens total qui surgit dans la guerre ou face à la mort imminente. Il en découle, pour Patočka, deux possibilités de l'existence : l'existence historique qui assume le caractère problématique du sens du tout du monde, d'un sens qui est à chercher, et l'existence anhistorique, dans laquelle la possibilité d'un ébranlement du sens « se fait sentir, mais [...] est rejetée [2] ».

Deux conceptions de la liberté sont ici confrontées : la liberté de la vie créatrice et destructrice, au bout du compte irresponsable, et la liberté de l'esprit, qui résiste aux puissances du monde et proteste contre le nihilisme de la vie. Si Patočka reprend donc les thèmes philosophiques de sa jeunesse, le mouvement de la liberté se dressant contre l'anonymat quotidien irresponsable qui définit aussi bien l'existence « spirituelle » (selon la terminologie des années 1930) que « l'homme spirituel » (dont

1. Comme le « soin de l'âme », l'« âme ouverte » est l'un des concepts classiques qui distinguent Patočka, en tant que penseur socratique, de Heidegger. Cf. l'article cité de V. Löwit (p. 179) : « Patočka, tout en faisant sien le champ phénoménologico-heideggérien, effectue un écart par rapport à celui-ci, en maintenant possible une analyse politique – politique au sens grec tel que le circonscrit le concept de soin de l'âme. »

2. EHPH, p. 106.

il est question dans les textes des années 1970[1]), cette idée est toutefois remaniée à partir d'une nouvelle prise de conscience de la situation historique. Patočka se rend compte alors de la force du règne omniprésent du monde scientifico-technique, entrevoit plus clairement à quel point l'homme est déterminé par la compréhension technique de tout étant.

Le deuxième thème central des *Essais hérétiques* a trait à ce caractère particulier, sinon singulier, de notre époque historique. L'article déjà cité de Filip Karfík résume bien la relation entre la thèse de la compréhension technique de l'étant caractéristique de l'époque actuelle (thèse partagée avec Heidegger) et la propre thèse de Patočka sur la guerre en tant qu'essence de l'histoire récente du monde européanisé :

> Sous le règne de la compréhension technique de l'étant, tout, y compris la vie humaine elle-même, se trouve nivelé au rang de l'étant disponible, ce qui veut dire, en dernière analyse, d'une force capable d'entrer dans un jeu gigantesque où les forces libérées au moyen des procédés techniques se consument[2].

La manifestation par excellence de ce « jeu » est la guerre, notamment sous la forme qu'elle a prise au début du XXe siècle avec la Première Guerre mondiale. Or, Patočka voit dans la guerre de 1914-1918 non seulement l'événement décisif de l'histoire du XXe siècle, mais un trait essentiel de l'historicité du monde occidental, un trait « cosmique » de cette histoire. Cette guerre montre que « la transformation du monde en un laboratoire actualisant les réserves d'énergie accumulées pendant des milliards d'années *doit* se faire par voie de guerre » et que cette nécessité relève de la « victoire définitive » d'une certaine conception scientifique de l'étant, qui entraîne « une transmutation de toutes les valeurs sous le signe de la force »[3]. La guerre, l'« opposition aiguë », est nécessaire dans ce monde parce qu'elle est « le moyen le plus efficace de libérer rapidement les forces accumulées » : « Le schisme est un grand moyen dont la Force profite [...] pour passer de la puissance à l'acte[4]. »

Dans sa dernière philosophie, reflétant la réalité de la Tchécoslovaquie à nouveau occupée et « normalisée » des années 1970, les

1. Notamment dans la conférence « L'homme spirituel et l'intellectuel » (voir *supra*, p. 21, note 7), prononcée en avril 1975, dans le cadre du cycle *L'origine et la fin de l'Europe*.

2. F. Karfík, « La philosophie de l'histoire et le problème de l'âge technique chez Jan Patočka », p. 26; *Unendlichwerden durch die Endlichkeit*, p. 168-169.

3. EHPH, p. 197.

4. *Loc. cit.*

manifestations de la liberté de l'esprit capable de résister aux puissances du monde apparaissent à Patočka comme rares, de plus en plus rares, mais non moins réelles, en dépit des risques considérables qui les accompagnent. Les dissidents du régime communiste sacrifient à tout le moins leur vie professionnelle, ainsi que celle de leurs enfants.

Dans cette situation, Patočka reprend et radicalise son idée de la liberté. Il ne s'agit plus seulement de renouveler la vie par opposition à la quotidienneté, mais de sacrifier la simple survie pour garder ouverte la possibilité d'être humain, la possibilité de la dignité de l'être humain en tant que tel. Pour fonder cette possibilité, Patočka renoue avec son analyse systématique de la perte de sens en l'associant aux témoignages de l'expérience absolue qui fut celle des combattants de la Première Guerre mondiale : sacrifiés pour rien, le sachant, et privés de la liberté de s'y soustraire[1].

Ici, dans ce radicalisme du sacrifice, Patočka va sans doute plus loin que Heidegger ne l'a jamais fait sur le terrain du fondement négatif de la liberté humaine qui demeure l'affaire de l'homme. Au lieu de tirer cette liberté des profondeurs du don de l'être, Patočka maintient, à l'encontre du dernier Heidegger, le moment de l'autonomie de l'homme qu'il considère comme son trait essentiel. De là, l'interprétation de la liberté extrême dont il est question dans les *Essais hérétiques* et d'autres textes de la même période : il ne s'agit pas d'une liberté de l'esprit dont le but ultime serait, en définitive, la contemplation, mais bien d'une liberté de l'homme qui ne voit la vérité de sa situation que parce qu'il est disposé à agir et agit effectivement. Ce n'est donc pas dans l'acte extrême d'une telle abnégation que réside le sens du sacrifice « actif », « mais bien *dans l'agir même* que cette attitude permet. C'est ainsi que Patočka regardait, à l'époque, comme exemples d'un tel agir des hommes comme Sakharov ou Soljenitsyne qui, assumant des risques extrêmes, se battaient contre

1. Avant même la rédaction des *Essais hérétiques*, dans sa conférence, déjà évoquée, pour le XVe Congrès mondial de philosophie (Varna, 1973), Patočka écrivait : « Le sacrifice radical nous semble être l'expérience, propre à notre présent et au passé récent, qui pourrait devenir le point de départ d'un revirement dans notre compréhension du monde et de la vie, à même, sans dévalorisation romantique, de ramener enfin à soi et, par là, de surmonter l'ère de la compréhension technique, si riche en apparence, mais frappée d'indigence dans son essence. » (« Die Gefahren der Technisierung in der Wissenschaft bei Edmund Husserl und das Wesen der Technik als Gefahr bei Martin Heidegger », BME, p. 359; trad. fr. « Les périls de l'orientation de la science vers la technique selon Husserl et l'essence de la technique en tant que péril selon Heidegger », LS, p. 275.)

les forces d'un gigantesque État totalitaire pour la reconnaissance de la valeur irréductible de l'être humain [1] ».

La philosophie de Patočka, notamment dans ses essais sur l'histoire (et sur la politique), a été comprise par ses contemporains et par nous, la génération des élèves de ses élèves, comme une philosophie de la liberté qui en appelle à l'action. De là, son importance pour le mouvement de la dissidence au sens large du terme, mais aussi pour certains dissidents au sens plus restreint de ceux qui se sont activement opposés au régime communiste en Tchécoslovaquie. La liberté de l'esprit qu'il met au centre de sa philosophie nous semble impliquer, peut-être, un moment dissident en ce sens que la prise de distance radicale d'avec le monde donné, dont elle met en évidence la nécessité (et qui est, pour Patočka, l'acte constitutif de la vie philosophique), n'aboutit pas à une position contemplative, « en dehors du monde », mais peut avoir, au contraire, en tant que pensée engagée, une influence directe sur l'action et former ainsi la vie pratique. Cela vient sans doute aussi du fait que cette philosophie sait comprendre et intégrer même les expériences les plus négatives de l'existence humaine et rouvrir la ou plutôt les questions de leur sens.

1. F. Karfík, « La philosophie de l'histoire et le problème de l'âge technique chez Jan Patočka », p. 27; *Unendlichwerden durch die Endlichkeit*, p. 169. Si le lieu privilégié du rapport de l'homme à la vérité est pour Patočka, comme le note Karfík (*ibid.*, p. 22 et *passim*), l'action, et non pas la *theôria*, c'est, comme nous l'avons évoqué plus haut, avec le Heidegger des années 1920 qu'il prend cette position qui, mieux que la philosophie husserlienne, par exemple, permet de rendre compte de la liberté historique de l'homme. Cf. EPHE, p. 91-92.

NOTE BIBLIOGRAPHIQUE

« L'esprit et la subjectivité transcendantale. Sur le statut de l'*epokhê* dans les premiers écrits de Jan Patočka » a paru, sous une forme abrégée, dans *Études phénoménologiques*, 15 (1999), n° 29-30, p. 23-37 ; une première version de « Corps, corps propre et affectivité humaine », traduite de l'allemand par Marion Bernard, dans *Les Études philosophiques*, juillet 2011, p. 375-393 (le texte définitif dans E. Alloa, T. Bedorf, C. Grüny et T. N. Klass [dir.], *Leiblichkeit. Begriff, Geschichte und Aktualität eines Konzepts*, Tübingen, Mohr-Siebeck, 2012, p. 81-99) ; « L'ouverture du monde phénoménologique : donation ou compréhension ? Sur le problème de l'apparaître comme tel chez Jan Patočka », dans R. Barbaras (dir.), *Jan Patočka : Phénoménologie asubjective et existence*, Milan, Mimesis, coll. « L'œil et l'esprit », 2007, p. 9-27 ; une première version abrégée de « Liberté et historicité » (« Historicité et altérité. La philosophie de l'histoire chez Jan Patočka entre 1934 et 1954 »), dans *Journal for Human Studies*, 1 (1998), p. 21-35 ; « L'Europe et la post-Europe dans la réflexion philosophique de Jan Patočka », traduit de l'allemand par Erika Abrams, dans *ALTER*, n° 17 (2009), p. 213-226 ; « L'*epokhê* comme perte du sens de la vie », en allemand (« Epoché als Ereignis des Sinnverlustes des Lebens. Jan Patočkas Phänomenologie einer geschichtlichen Sinnerneuerung »), dans H.-D. Gondek, T. N. Klass et L. Tengelyi (dir.), *Phänomenologie der Sinnereignisse*, Munich, W. Fink Verlag, 2011, p. 327-339 ; et enfin la conclusion, sous le titre « Patočka, penseur d'une dissidence philosophique et politique », dans C. Delsol, M. Maslowski et J. Nowicki (dir.), *Dissidences*, Paris, P.U.F., coll. « Politique d'aujourd'hui », 2005, p. 15-33 (reprise ici sans les pages 15-20, dues à J. Sokol).

TABLE DES MATIÈRES

mprimé sur les presses de Jouve - Mayenne
2044630X - dépôt légal : décembre 2012 - date d'impression : décembre 2012